KONSTEN ATT TAKA POPPS

Bemästra konsten att cake pops med 100 oemotståndliga recept

Rolf Bloom

Copyright Material ©2024

Alla rättigheter förbehållna

Ingen del av denna bok får användas eller överföras i någon form eller på något sätt utan korrekt skriftligt medgivande från utgivaren och upphovsrättsinnehavaren, förutom korta citat som används i en recension. Den här boken bör inte betraktas som en ersättning för medicinsk, juridisk eller annan professionell rådgivning.

INNEHÅLLSFÖRTECKNING

INNEHÅLLSFÖRTECKNING 3
INTRODUKTION 6
CHEESY CAKE POPS 7
   1. CHERRY CHEESECAKE POPS 8
   2. RED VELVET CREAM CHEESE CAKE BALLS 10
   3. STRAWBERRY CHEESECAKE CAKE BALLS 13
   4. VANILJ CREAM CHEESE CAKE POPS 16
   5. KONFETTI OREO CHEESECAKE POPS 18
   6. BROWNIE CHEESECAKE POPS 21
   7. CITRON CREAM CHEESE CAKE POPS 23
   8. CHOKLAD TURTLE CHEESECAKE POPS 26
   9. S'MORES CHEESECAKE POPS 28
   10. HALLON CHEESECAKE POPS 31
   11. HALLON CHEESECAKE POPS 33
   12. MISSION FIG CHEESECAKE POPS 35
   13. BERRY CHEESECAKE POPS 38
   14. CITRUS CHEESECAKE POPS 41
   15. CHERRY CHEESECAKE POPS 44
   16. STRAWBERRY CHEESECAKE POPS 47
   17. LEMON BLUEBERRY CHEESECAKE POPS 50
ROLIGA OCH FÄRGRIGA KAKEPOPS 52
   18. SOCKERVADD CAKE POPS 53
   19. FUNFETTI CONFETTI CAKE POPS 55
   20. VANILJ OCH STRÖSSEL CAKE POPS 58
   21. TRUFFULA TREE CAKE POPS 61
   22. FÖDELSEDAGSTÅRTA POPCORN 63
   23. CAKE POPS MED FRYSTORKADE KÄGLOR 65
   24. ROLIGA & FESTLIGA CAKE POPS 67
   25. RAINBOW SWIRL CAKE POPS 69
   26. UNICORN CAKE POPS 71
   27. GALAXY CAKE POPS 73
CHOKLAD TAARKAPOPPS 75
   28. CHOKLAD FUDGE CAKE BALLS 76
   29. CHOKLAD OCH GODIS SMÄLTER CAKE POPS 79
   30. TYSK CHOKLAD CAKE POPS 81
   31. CHOKLADDRAGERAD PUMPA CAKE POPS 84
   32. CHOKLAD APELSIN CAKE POPS 86
   33. HORCHATA VIT CHOKLADTRYFFEL 89
   34. TRIPLE CHOCOLATE CAKE POPS 91
   35. VIT CHOKLAD CAKE POPS 94

36. Mint Chocolate Chip Cake Pops 96
37. Starbucks Choklad Cake Pops 99
38. Choklad Espresso Cake Pops 101
39. Red Velvet Cake Pops 103

FRUKTIG KAKEPOPS 105
40. Citron Hallon Cake Pops 106
41. Strawberry Shortcake Cake Pops 109
42. Key Lime Cake Pops 112
43. Äppelpaj Cake Pops 114
44. Vattenmelon Pops 116
45. Choklad Hallon Cake Pops 118
46. Tranbär Orange Vanilj Cake Pops 121
47. Tropisk frukt Cake Pops 125
48. Kiwi Strawberry Cake Pops 127
49. Banana Split Cake Pops 129
50. Blandade Berry Cake Pops 131
51. Ananas upp och ner Cake Pops 133
52. Coconut Lime Cake Pops 135
53. Hallonchoklad Cake Pops 137
54. Apple Cinnamon Cake Pops 139

BLOMMA TAKPOPPS 141
55. Jasmine Cake Pops 142
56. Hibiscus Cake Pops 144
57. Kamomill Lemon Cake Pops 146
58. Violet Cake Pops 148
59. Rose Cake Pops 150
60. Lavendel honung Cake Pops 152

FLÅNGSCAKE POPS 154
61. Froot Loops Cake Pops 155
62. Fruktig Pebble Cake Pops 157
63. Trix Ceral Cake Pops 159
64. Cheerios Banana Cake Pops 161
65. Cinnamon Toast Crunch Cake Pops 164
66. Lucky Charms Chokladflingor Pops 166
67. Choklad mandel spannmål Cake Pops 168
68. Nougat Pops 170

KARAMELL TAKKOPPS 172
69. Dulce de Leche tårtbollar 173
70. Caramel Apple Donut Cake Pops 175
71. Saltade kolatårtaballar 178
72. Caramel Chocolate Cake Pops 181
73. Caramel Coconut Cake Pops 183
74. Caramel Pecan Cake Pops 185

75. Caramel Banana Cake Pops 187

COKIE CAKE POPS 189
   76. Cookies och Cream Cake Pops 190
   77. Biscoff Cake Pops 193
   78. Frostade Animal Cookie Cake Pops 195
   79. Födelsedagskaka Cake Pops 197
   80. Chocolate Chip Cookie Cake Pops 199
   81. Lofthouse Cookie Cake Pops 202
   82. Cookie Dough Cake Pops 204

SEMESTER CAKE POPS 206
   83. Alla hjärtans dag Cake Pops 207
   84. Halloween Cake Pops 209
   85. Påsk Cake Pops 211
   86. Fjärde juli Cake Pops 213
   87. Thanksgiving Cake Pops 215
   88. St Patrick's Day Cake Pops 217
   89. Hanukkah Cake Pops 219
   90. Julpop 221

VEGGIE CAKE POPS 224
   91. Zucchini Cake Pops 225
   92. Rödbetor Choklad Cake Pops 227
   93. Sweet Potato Spice Cake Pops 229
   94. Pumpa Spice Cake Pops 231
   95. Ube Cake Pops 233
   96. Morotskaka Pops 235

NÖTTER OCH FRÖKAKER 237
   97. Almond Joy Cake Pops 238
   98. Solrosfrö smör Cake Pops 240
   99. Pistage Cake Pops 242
   100. Citronvallmofrön Cake Pops 244

SLUTSATS 246

INTRODUKTION

Välkommen till "KONSTEN ATT TAKA POPPS", där vi ger oss ut på en förtjusande resa in i en värld av lagom lycka. Cake pops, med sin nyckfulla charm och oemotståndliga smaker, har fångat hjärtan och smaklökar hos dessertälskare runt om i världen. I den här omfattande guiden kommer vi att fördjupa oss i konstnärskapet och tekniken bakom att skapa dessa miniatyrunderverk, och erbjuder 100 oemotståndliga recept för att inspirera dina bakäventyr.

Det magiska med cake pops ligger i deras mångsidighet – de är inte bara desserter; de är ätbara konstverk. Från klassiska smaker som vanilj och choklad till exotiska kombinationer som röd sammet och matcha, möjligheterna är oändliga. Med lite kreativitet och en touch av fantasi kan du förvandla enkla cake pops till fantastiska mittpunkter för alla tillfällen.

Men att bemästra konsten att cake pops går längre än att bara följa ett recept. Det handlar om att förstå vetenskapen om bakning, att behärska teknikerna för att forma och dekorera, och att ingjuta varje skapelse med kärlek och passion. Oavsett om du är en erfaren bagare eller en nybörjare i köket, kommer den här kokboken att guida dig genom varje steg i processen, från att blanda den perfekta kaksmeten till att bemästra konsten att doppa och dekorera.

Så ta tag i dina mixerskålar och gör dig redo att släppa loss din inre artist när vi ger oss ut på denna ljuva resa tillsammans. Oavsett om du bakar för en födelsedagsfest, en bröllopsfest eller bara en mysig kväll i "KONSTEN ATT TAKA POPPS" har något för alla. Låt oss kavla upp ärmarna, damma av våra förkläden och låt magin börja!

CHEESY CAKE POPS

1. Cherry Cheesecake Pops

INGREDIENSER:
CHEESECAKE:
- 2 koppar råa cashewnötter
- ½ kopp ren lönnsirap
- ½ kopp konserverad kokosmjölk
- 2 matskedar citronsaft
- En nypa salt
- 1 hög kopp färska Montmorency syrliga körsbär

SKORPA:
- 1 kopp råa valnötshalvor
- 6 urkärnade Medjool-dadlar
- ½ tesked vaniljextrakt
- En nypa salt

INSTRUKTIONER:
a) Börja med att blötlägga cashewnötterna i vatten i minst 15-30 minuter.
b) För skorpan, kombinera valnötter och dadlar i en matberedare tills de är finhackade. Tillsätt vaniljextraktet och pulsera tills blandningen håller ihop. Klä en brödform med bakplåtspapper och tryck fast blandningen i botten för att skapa skorpan. Avsätta.
c) När cashewnötterna har blötlagts, blanda dem i en matberedare med lönnsirap, kokosmjölk, citronsaft och salt tills de är jämna och krämiga, som liknar hummus. Detta tar cirka 5 till 8 minuter beroende på matberedarens storlek. Häll cheesecakefyllningen över den förberedda skorpan och jämna ut den jämnt.
d) Lägg Montmorency-körsbären ovanpå cheesecaken och tryck försiktigt ner dem i fyllningen.
e) Sätt i 18 isglasstavar i cheesecaken, placera 3 pinnar över hela bredden och 6 pinnar på längden. Placera cheesecaken i frysen tills den stelnat, cirka 4 timmar.
f) Strax före servering tar du ut cheesecaken ur frysen och låt den tina lite i 5-10 minuter tills den är tillräckligt mjuk för att skivas.
g) Skiva cheesecaken runt pinnarna till 18 poppar och servera omedelbart. Eventuella rester kan förvaras i frysen tills de ska ätas.

2.Red Velvet Cream Cheese Cake Balls

INGREDIENSER:
FÖR Tårtbollarna:
- 1 låda röd sammet kakmix
- ½ kopp osaltat smör, mjukat
- ½ kopp kärnmjölk
- 3 stora ägg

FÖR GREOSTFROSTNING:
- 1 paket (8 uns) färskost, mjukad
- ¼ kopp osaltat smör, mjukat
- 3 koppar strösocker
- 1 tsk vaniljextrakt

FÖR GODISBELAGNING:
- 12 uns av vitt godis smälter eller vita chokladchips
- Röd gel matfärgning (valfritt)
- Röd sammetstårta (till garnering, valfritt)

FÖR MONTERING AV TÅRKBULAR:
- Cake pop sticks eller klubbor

INSTRUKTIONER:
FÖR Tårtbollarna:
a) Värm ugnen till den temperatur som anges på kakmixboxen.
b) Smörj och mjöla en ugnsform eller klä den med bakplåtspapper.
c) I en blandningsskål förbereder du kakmixen med röd sammet enligt anvisningarna på förpackningen, med osaltat smör, kärnmjölk och ägg.
d) Grädda kakan i den förvärmda ugnen tills en tandpetare som sticks in i mitten kommer ut ren.
e) Låt kakan svalna helt.

FÖR GREOSTFROSTNING:
f) Vispa den mjukgjorda färskosten och smöret i en separat mixerskål tills den är slät och krämig.
g) Tillsätt florsockret och vaniljextraktet gradvis och fortsätt att vispa tills frostingen är slät och bredbar.

SÅ HÄR MONTERAR DU TÅRKBULAR:
h) Smula den avsvalnade kakan till fina smulor med händerna eller en matberedare.

i) Blanda cream cheese frostingen i kaksmulorna tills den är väl blandad.

j) Rulla blandningen till små kakbollar, ungefär lika stora som en pingisboll, och lägg dem på en bakplåtspappersklädd plåt.

k) Kyl kakbollarna i kylen i cirka 30 minuter eller tills de är fasta.

FÖR GODISBELAGNING:

l) Smält den vita godismelten eller vita chokladchips enligt anvisningarna på förpackningen, med hjälp av en mikrovågsugn eller en dubbelpanna.

m) Tillsätt eventuellt några droppar röd gelmatfärg till den smälta godisbeläggningen för att få en livlig röd färg.

ATT AVSLUTA:

n) Doppa spetsen på en cake pop stick i den smälta godisbeläggningen och sätt in den i mitten av en kyld kakboll, ungefär halvvägs.

o) Doppa hela kakbollen i den smälta godisöverdraget och se till att den är helt täckt.

p) Eventuellt, garnera varje kakboll med ett stänk av röd sammetstårtsmulor för en charmig touch.

q) Ställ kakbollarna upprätt i ett frigolitblock eller ett cake pop-ställ så att godisöverdraget stelnar helt.

3. Strawberry Cheesecake Cake Balls

INGREDIENSER:
FÖR Tårtbollarna:
- 1 låda jordgubbstårtamix
- ½ kopp osaltat smör, mjukat
- ½ kopp helmjölk
- 3 stora ägg

FÖR CHEESCAKE-FYLLNING:
- 1 paket (8 uns) färskost, mjukad
- ¼ kopp strösocker
- 1 tsk vaniljextrakt

FÖR GODISBELAGNING:
- 12 uns av vitt godis smälter eller vita chokladchips
- 2 matskedar vegetabilisk olja eller matfett

FÖR JORDGubbsglasyren:
- 1 kopp färska jordgubbar, hackade
- ¼ kopp strösocker
- 1 matsked majsstärkelse
- 1 matsked vatten

FÖR MONTERING AV TÅRKBULAR:
- Cake pop sticks eller klubbor

INSTRUKTIONER:
FÖR Tårtbollarna:
a) Värm ugnen till den temperatur som anges på kakmixboxen.
b) Smörj och mjöla en ugnsform eller klä den med bakplåtspapper.
c) I en blandningsskål förbereder du jordgubbstårtblandningen enligt anvisningarna på förpackningen, med osaltat smör, helmjölk och ägg.
d) Grädda kakan i den förvärmda ugnen tills en tandpetare som sticks in i mitten kommer ut ren.
e) Låt kakan svalna helt.

FÖR CHEESCAKE-FYLLNING:
f) Vispa den mjukgjorda färskosten, strösockret och vaniljextraktet i en separat blandningsskål tills den är slät och krämig.
g) Så här sätter du ihop kakbollarna:
h) Smula den avsvalnade kakan till fina smulor med händerna eller en matberedare.

i) Blanda i cheesecakefyllningen i kaksmulorna tills den är väl blandad.
j) Rulla blandningen till små kakbollar, ungefär lika stora som en pingisboll, och lägg dem på en bakplåtspappersklädd plåt.
k) Kyl kakbollarna i kylen i cirka 30 minuter eller tills de är fasta.

FÖR GODISBELAGNING:
l) I en mikrovågssäker skål, smält den vita godismelten eller vita chokladchips med vegetabilisk olja eller matfett i korta intervaller, rör om tills den är slät.

FÖR JORDGubbsglasyren:
m) I en kastrull, kombinera de hackade jordgubbarna, strösocker, majsstärkelse och vatten.
n) Koka på medelvärme, rör hela tiden tills blandningen tjocknar och jordgubbarna bryts ner till en glasyrliknande konsistens.
o) Ta bort från värmen och låt jordgubbsglasyren svalna.

ATT AVSLUTA:
p) Doppa spetsen på en cake pop stick i den smälta godisbeläggningen och sätt in den i mitten av en kyld kakboll, ungefär halvvägs.
q) Doppa hela kakbollen i den smälta godisöverdraget och se till att den är helt täckt.
r) Ringla varje kakboll med den kylda jordgubbsglasyren för en härlig finish.
s) Ställ kakbollarna upprätt i ett frigolitblock eller ett cake pop-ställ så att godisöverdraget stelnar helt.

4. Vanilj Cream Cheese Cake Pops

INGREDIENSER:
- 1 ask gul kakmix
- 2 matskedar cream cheese frosting
- 1 kakbollsformare
- 24 cake pop sticks
- 16 uns smält choklad
- 1 matsked matfett (delat)
- Valfritt: matfärg, strössel, frigolitlåda

INSTRUKTIONER:
a) Förbered den gula kakmixen enligt anvisningarna på förpackningen.
b) Låt kakan svalna och smula den sedan för hand till fina smulor.
c) Blanda cream cheese frostingen i kaksmulorna tills blandningen blir formbar, liknar lekdeg.
d) Forma blandningen till 24 bollar med händerna.
e) Smält en liten mängd choklad.
f) Doppa spetsarna på varje tårtpinne i den smälta chokladen och sätt sedan in dem i kakbollarna.
g) Lägg kakbollarna i frysen i 15 minuter för att stelna.
h) Smält 8 uns choklad i steg om 40 sekunder tills den är slät, var noga med att inte överhettas.
i) Tillsätt ½ matsked matfett till den smälta chokladen om det behövs för att få en tunnare konsistens.
j) Blanda eventuellt matfärg i chokladen.
k) Häll den smälta chokladen i ett högt glas för enklare doppning.
l) Doppa varje kakboll i den smälta chokladen, låt överskottet droppa av medan du roterar kakbollen.
m) Tillsätt snabbt strössel innan chokladen stelnar.
n) Lägg de belagda cake popsna på bakplåtspapper eller sätt in pinnarna i ett frigolitblock för att stelna.
o) Upprepa doppningsprocessen för de återstående kakbollarna.
p) Kyl cake pops tills de är redo att serveras eller transporteras.

5. Konfetti Oreo Cheesecake Pops

INGREDIENSER:
- 8 uns färskost, mjukad
- ½ kopp (60 g) strösocker
- ¼ kopp (58 g) gräddfil
- 6 matskedar (90 ml) Oreo kakkräm
- ½ kopp oreokakor, krossade
- 3 matskedar strössel, plus extra för topping
- 18 små Oreo-kakor
- 12 uns vit smältande choklad

INSTRUKTIONER:

a) Blanda den mjukgjorda färskosten, strösockret, gräddfil och Oreo-kaksmakad gräddkanna i en mixer med paddeltillbehör tills den är slät och krämig.

b) Rör ner de krossade Oreo-kakorna och strössel tills de är väl blandade.

c) Använd en liten kakskopa för att portionera ut 18 bollar på en plåt klädd med bakplåtspapper. Ställ brickan i frysen i minst 2 timmar, eller tills bollarna är fasta.

d) Smält den vita chokladen i en liten form.

e) När bollarna är ordentligt frysta, forma varje skopa till en boll med handflatan.

f) Doppa änden av en klubba i den smälta chokladen och sätt in den i en boll. Lägg tillbaka bollarna i frysen i ytterligare en timme för att säkerställa att pinnarna sitter fast och bollarna är fasta.

g) Dela de 18 mini Oreo kakorna på mitten. Ställ åt sidan av halvorna med grädde och krossa de återstående halvorna till smulor.

h) Värm chokladen igen efter behov. Doppa varje boll i den smälta chokladen, knacka bort eventuellt överskott.

i) Lägg de belagda bollarna på en bricka klädd med bakplåtspapper och strö omedelbart krossade mini Oreo-smulor på den övre halvan av varje boll. Upprepa för alla bollar.

j) Förbered en liten skål med strössel. Doppa tillbaka den nedre halvan av varje boll i den smälta chokladen och strök den sedan med strössel. Lägg tillbaka de belagda bollarna till brickan.

k) Dela mini Oreo kakorna på mitten och fäst dem på bollarna med lite smält choklad.

l) Ställ popsarna i kylen tills precis innan servering. Njut av!

6. Brownie Cheesecake Pops

INGREDIENSER:
- 1 påse (10,25 ounce) Fudge Brownie Mix
- Vatten, vegetabilisk olja och ägg krävs på browniemixpåsen
- 3 paket (8 uns vardera) färskost, mjukad
- 1 kopp krämigt jordnötssmör
- ¾ kopp socker
- 4 ägg
- 24 pysselpinnar (platta träpinnar med runda ändar)
- 1 kopp mörk chokladchips (6 ounces)
- ½ dl vispgrädde
- 4 graham cracker rektanglar, krossade

INSTRUKTIONER:

a) Värm ugnen till 350°F. Spraya en 8-tums fyrkantig panna med matlagningsspray. Förbered och baka browniemixen enligt anvisningarna på påsen, med vatten, olja och ägg. Låt svalna helt.

b) Sänk ugnstemperaturen till 300°F. Fodra botten och sidorna av en 13x9-tums panna med folie, lämna folien överhängande på två motsatta sidor av pannan. Spraya folien med matlagningsspray. I en stor skål, vispa ihop färskost, jordnötssmör och socker med en elektrisk mixer på medelhastighet tills det är ljust och fluffigt. Tillsätt äggen ett i taget, vispa bara tills det blandas. Skär de kylda browniesna i ½-tums bitar. Rör ner browniebitarna i smeten och häll sedan blandningen i den förberedda pannan.

c) Grädda i 45 till 50 minuter eller tills mitten är stel. Kyl på galler i 30 minuter. Kyl i minst 6 timmar eller över natten. Använd folien för att lyfta cheesecaken ur pannan och skär den sedan i 8 rader gånger 3 rader. Tryck en hantverkspinne 1 ½ tum i ena änden av varje bit cheesecake.

d) Mikrovågsugna chokladchips och vispgrädde i en mikrovågsugn utan lock på High i 1 till 2 minuter eller tills blandningen kan röras slät. Kyl i 5 minuter.

e) Doppa varje cheesecake pop halvvägs i chokladen och doppa sedan sidorna i de krossade grahamssmulorna. Förvara popsarna i kylen. Njut av!

7. Citron Cream Cheese Cake Pops

INGREDIENSER:
CAKE POPS:
- 1 sats citron-kärnmjölskaka, gräddad och kyld
- 1 sats cream cheese frosting
- 1–2 paket vitt vaniljgodis smälter
- Candy melt färgning (valfritt)
- Strössel (valfritt)
- 50 stycken 4-tums klubbor

CITRONKÄRMJÖLKSKAKA:
- 3 ½ koppar (349 gram) kakmjöl
- 2 koppar (383 gram) strösocker
- 1 msk bakpulver
- ½ tsk salt
- 1 kopp osaltat smör (2 pinnar, 459 gram), rumstemperatur
- 1 dl kärnmjölk (3,5 dl), rumstempererad
- 4 stora ägg, rumstempererade
- 2 stora äggvitor, rumstempererade
- 1 tsk vaniljextrakt
- 1 tsk citronextrakt
- Skal av en stor eller två små citroner

FROSTNING MED GJÄLD:
- 16 uns (454 gram) färskost, mjukad
- ½ kopp osaltat smör (230 gram), rumstemperatur
- 1 tsk vaniljextrakt
- 2 ½ koppar (325 gram) konditorisocker
- Nypa salt

INSTRUKTIONER:
CAKE POPS:
a) Smula ner de avsvalnade citron-kärnmjölskakorna i en stor skål med fingrarna tills de bryts i ärtstora bitar.

b) Blanda i cirka ⅔ av cream cheese frostingen tills den är jämnt fördelad. Tillsätt mer frosting om det behövs tills blandningen är tillräckligt fuktig för att rulla till intakta bollar.

c) Rulla kakblandningen till bollar (ca 2 matskedar vardera) och lägg dem på en bakplåtspappersklädd plåt. Kyl i kylen i cirka 30 minuter.

d) Efter kylning, sätt in en klubba i varje kakboll, doppa cirka ½ tum av pinnen i smält godismelt för att fästa.
e) Lägg tillbaka cake pops på bakplåten och frys i 30-60 minuter innan du täcker för att underlätta doppningen.
f) När de har kylts, doppa varje cake pop i smält godis, se till att beläggningen täcker där pinnen är fäst. Knacka av överflödig beläggning och dekorera med strössel om så önskas.
g) Låt cake pops torka upprätt i minst en timme innan de packas eller serveras.

CITRONKÄRMJÖLKSKAKA:

h) Värm ugnen till 350°F. Smör och mjöl två 8 eller 9-tums runda kakformar.
i) Sikta eller vispa ihop kakmjöl, socker, bakpulver, salt och citronskal i skålen med en stavmixer. Tillsätt smör och hälften av kärnmjölken, vispa sedan på medel-låg hastighet tills det är blandat och slätt.
j) Vispa ihop ägg, äggvita, återstående kärnmjölk, vaniljextrakt och citronextrakt i en separat skål. Tillsätt till smeten i 3 tillsatser, blanda på medelhastighet i 2 minuter efter varje tillsats.
k) Fördela smeten jämnt mellan de förberedda formarna och grädda i 35-40 minuter eller tills en tandpetare som sticks in i mitten kommer ut ren. Kyl i form innan du vänder ut på galler för att svalna helt.

FROSTNING MED GJÄLD:

l) I en stående mixer, kombinera mjukgjord färskost och smör, vispa på medelhög hastighet tills den är slät.
m) Tillsätt vaniljextrakt och salt, blanda tills det är inkorporerat.
n) Tillsätt konditorsocker gradvis, vispa tills det är ljust och fluffigt, cirka 3-4 minuter.

8. Choklad Turtle Cheesecake Pops

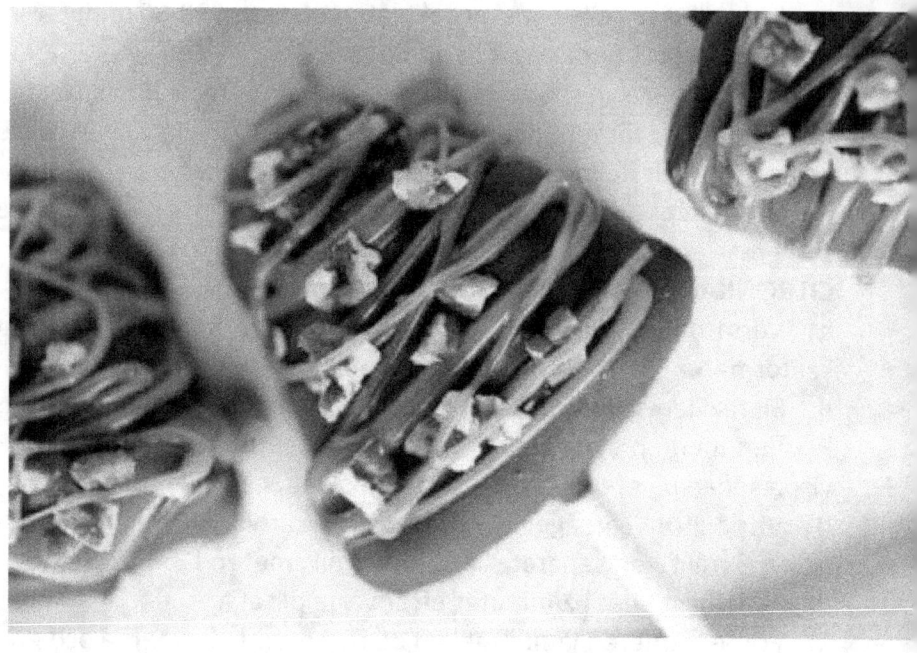

INGREDIENSER:
- 1 köpt fryst cheesecake, tinad (som Sara Lee)
- 2 koppar halvsöta chokladchips
- 2 råga matskedar kokosolja eller vegetabilisk olja
- 20 karameller
- 2 msk tung grädde
- ⅓ kopp hackade pekannötter

INSTRUKTIONER:
a) Skär den tinade cheesecaken i 8 trekantiga skivor. Sätt in en popsicle sticka i sidan av varje skiva. Lägg skivorna med popsikelstavar i frysen i 2 timmar.
b) Kombinera chokladchips och kokosolja eller vegetabilisk olja i en mikrovågssäker skål. Mikrovågsugn på hög i 1 minut. Rör om tills helt smält. Mikrovågsugn i ytterligare 15-30 sekunder om det behövs.
c) Ta ut cheesecakeskivorna från frysen. Håll en skiva i taget över skålen med smält choklad och skeda chokladen över cheesecaken tills den är helt täckt. Lägg varje chokladtäckt skiva på en plåt med bakplåtspapper eller bakplåtspapper. Upprepa för de återstående skivorna.
d) För kola dugg, värm karamellerna och den tunga grädden i en mikrovågssäker skål på 50 % effekt, rör om var 30:e sekund, tills den smält och slät.
e) Ringla den smälta kolan över de chokladtäckta cheesecakeskivorna och strö hackade pekannötter ovanpå. Gör detta en skiva i taget, eftersom karamellen torkar snabbt.
f) Förvara chokladsköldpadds cheesecake pops täckta i kylen i upp till 5 dagar.
g) Njut av din läckra Chocolate Turtle Cheesecake Pops!

9. S'mores Cheesecake Pops

INGREDIENSER:
- 10 grahams kex
- 8 matskedar smör, smält
- 16 uns färskost, mjukad
- ½ kopp strösocker
- 2 tsk vaniljextrakt
- 3 koppar mini marshmallows
- 4 uns vit choklad, smält
- 16 uns mjölkchoklad, eller mörk choklad, smält
- 2 tsk kokosolja, valfritt

INSTRUKTIONER:
a) I en fryspåse eller matberedare krossar du grahamskexen till en sandliknande konsistens. Tillsätt det smälta smöret och rör om tills det blandas.
b) Överför blandningen till en 8x8-tums (20x20-cm) ugnsform klädd med bakplåtspapper och packa den ordentligt för att bilda "skorpan". Frys in tills cheesecakeblandningen är klar.
c) Medan skorpan fryser, kombinera färskost, socker och vaniljextrakt och blanda tills det är slätt.
d) Bred ut marshmallowsen på en plåt med bakplåtspapper. Stek marshmallowsna i cirka 1-2 minuter, titta noga för att säkerställa att de inte bränns men blir gyllenbruna för en rostad smak.
e) Skrapa försiktigt ner de rostade marshmallowsna från plåten i cheesecakeblandningen. Blanda noggrant.
f) För över den rostade marshmallowcheesecakeblandningen i ugnsformen ovanpå skorpan och jämn tills den är jämn.
g) Frys i minst 1 till 2 timmar tills blandningen är tillräckligt fast för att skära. Ta bort den satte cheesecaken från fatet och skär den i jämna fyrkantiga former, beroende på önskad storlek på popsarna.
h) Doppa varje pinne i smält vit choklad och lägg den i varje skuren ruta för att fästa pinnarna i cheesecaken. Frys tills det är fast, cirka en timme.
i) Mikrovågsugn mjölkchokladen (eller mörk) i steg om 15 till 30 sekunder för att smälta, rör om noggrant varje gång. Tillsätt kokosolja om chokladen verkar för tjock för att doppas.
j) Doppa set pops i chokladen och stå upprätt för att stelna (en kartong eller en bit frigolit fungerar bäst om du inte har ett stativ).
k) Dekorera med den återstående vita chokladen och krossade grahamsbröd.
l) Njut av dina läckra S'mores Cheesecake Pops!

10. Hallon Cheesecake Pops

INGREDIENSER:

- 2 matskedar Heavy Cream
- 8 uns färskost, mjukad
- ½ kopp pulveriserad Swerve
- Nypa havssalt
- 1 tsk vaniljstevia
- 1 ½ tsk hallonextrakt
- 2-3 droppar naturlig röd matfärgning
- ¼ kopp kokosnötsolja, smält
- 1 ½ koppar chokladchips, sockerfri

INSTRUKTIONER:

a) Till att börja, använd en mixer för att noggrant kombinera din swerve och färskost tills den är krämig.

b) Kombinera grädde, hallonextrakt, stevia, salt och matfärg i en stor blandningsskål.

c) Se till att allt är väl kombinerat.

d) Tillsätt din kokosolja och blanda på hög tills allt är ordentligt blandat.

e) Glöm inte att skrapa ner sidorna av din skål så ofta du behöver för att avsluta. Låt den stå i kylen i en timme. Häll smeten i en kakskopa som är cirka ¼ tum i diameter och sedan på en plåt som har förberetts med bakplåtspapper.

f) Frys den här blandningen i en timme och täck den sedan med din smälta choklad för att avsluta den! Den ska stå i kylen ytterligare en timme för att stelna innan servering.

11. Hallon Cheesecake Pops

INGREDIENSER:
- 1 dl färskost, mjukad
- 1/2 kopp grahamssmulor
- 1/4 kopp hallonsylt
- 1 kopp vita chokladchips
- 1 msk kokosolja

INSTRUKTIONER:

a) I en skål, blanda färskost, grahamssmulor och hallonsylt tills det är slätt.

b) Forma blandningen till små bollar och lägg dem på en bakplåtspappersklädd plåt.

c) Smält vita chokladchips med kokosolja i en mikrovågsugn eller i en dubbelpanna.

d) Doppa varje cheesecakeboll i den smälta vita chokladen, täck jämnt.

e) Lägg tillbaka de belagda bollarna på bakplåten och ställ i kylen tills chokladen stelnat.

f) Servera kyld och njut av halloncheesecakesmaken!

12. Mission Fig Cheesecake Pops

INGREDIENSER:
FÖR POPSEN:
- 1 1/2 dl krossade grahams kex
- 1/4 kopp osaltat smör, smält
- 1 dl färskost, mjukad
- 1/4 kopp strösocker
- 1/4 kopp fikonkonserver
- 1/2 tsk vaniljextrakt
- Nypa salt
- 1 dl torkade missionsfikon, finhackade
- 8 uns vit choklad, för doppning
- 1 matsked vegetabilisk olja

FÖR FIKKOMPOTTEN:
- 1 dl torkade missionsfikon, hackade
- 1/2 kopp vatten
- 1/4 kopp socker
- 1/2 tsk citronskal
- 1/2 tsk citronsaft

FÖR GANACHEN:
- 4 uns halvsöt choklad, hackad
- 1/2 kopp tung grädde

INSTRUKTIONER:
FÖRBEREDA FIKKOMPOTTEN:
a) I en liten kastrull, kombinera de hackade torkade fikonen, vatten, socker, citronskal och citronsaft.
b) Koka upp blandningen på medelvärme, sänk sedan värmen till låg och låt det puttra i cirka 10 minuter, eller tills fikonen är mjuka och blandningen har tjocknat.
c) Ta bort från värmen och låt den svalna. Du kan förvara valfri extra kompott i kylen.

GÖR CHEESCAKE-FYLLNING:
d) Kombinera färskost, strösocker, fikonkonserver, vaniljextrakt och en nypa salt i en medelstor blandningsskål.
e) Blanda tills alla ingredienser är väl kombinerade och slät.

SAMMANSTÄLL POPPS:

f) Kombinera de krossade graham-kexen och det smälta smöret i en separat blandningsskål. Blanda tills smulorna är jämnt täckta med smöret.

g) Ta en liten mängd av grahamsblandningen och tryck ner den i botten av en silikonform eller en vanlig isbitsbricka, vilket skapar ett skorpalager.

h) Häll en liten mängd av cheesecakefyllningen ovanpå grahamsbrödet i varje form.

i) Lägg en liten sked av fikonkompotten ovanpå cheesecakefyllningen.

j) Strö en generös nypa finhackade torkade missionsfikon över kompotten.

k) Toppa varje form med mer cheesecake-fyllning, täck fikonkompotten helt.

l) Frys formarna i minst 2 timmar, eller tills de är fasta.

GÖR CHOKLAGDANACHEN:

m) Kombinera den hackade halvsöta chokladen och grädden i en mikrovågssäker skål.

n) Mikrovågsugn i 30-sekunders intervall, rör om emellan, tills chokladen är helt smält och blandningen är slät. Alternativt kan du smälta chokladen på spishällen med hjälp av en dubbelpanna.

SAMMANSTÄLL POPPS:

o) Ta bort de frysta cheesecake Pops från formarna.

p) Smält den vita chokladen och vegetabilisk olja i en mikrovågssäker skål i 30 sekunders intervall, rör om emellan, tills den är slät.

q) Doppa varje Pops i den smälta vita chokladen, se till att de är jämnt belagda. Låt eventuell överflödig choklad droppa av.

r) Lägg de belagda Pops på en plåt med bakplåtspapper.

s) Ringla chokladganachen över Pops och låt stelna.

t) Servera och njut av dina Mission Fig Cheesecake Pops!

13. Berry Cheesecake Pops

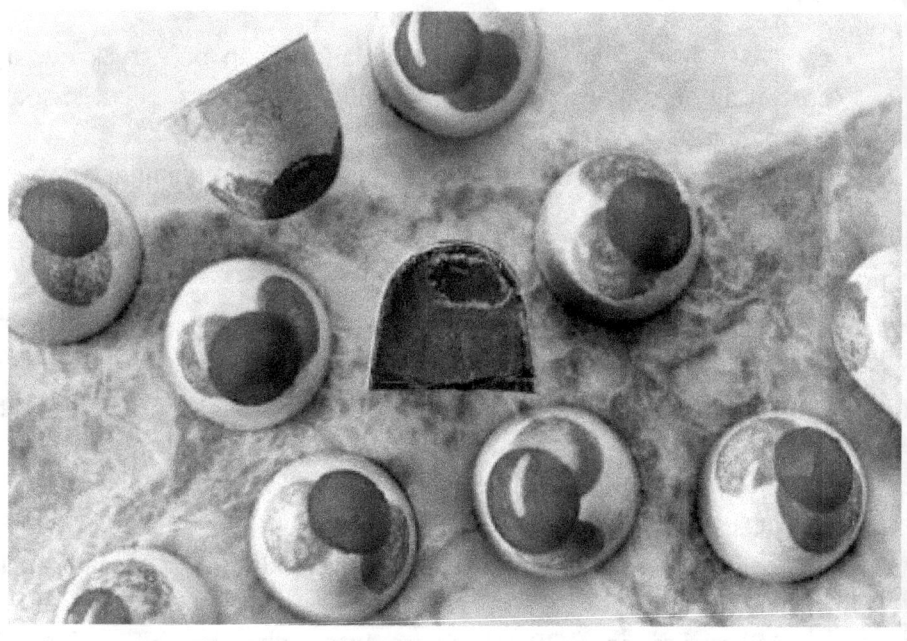

INGREDIENSER:
FÖR BERRY CHEESECKE-FYLLNING:
- 8 oz färskost, mjukad
- 1/4 kopp strösocker
- 1/2 tsk vaniljextrakt
- 1/2 kopp blandade bär (jordgubbar, blåbär, hallon, etc.), fint hackade

FÖR DEN YTTRE CHOKLADBETRÄGET:
- 8 oz halvsöt eller mörk choklad av god kvalitet, hackad
- 1 matsked vegetabilisk olja eller kokosolja (valfritt, för jämnare beläggning)

INSTRUKTIONER:
FÖRBERED BERRY CHEESECKE-FYLLNING:
a) Vispa den mjukgjorda färskosten i en mixerskål tills den är slät och krämig.
b) Tillsätt strösocker och vaniljextrakt och blanda tills det är väl blandat.
c) Vänd försiktigt ner de finhackade blandade bären, var noga med att inte blanda för mycket för att behålla konsistensen.

FORMA FYLLNINGEN:
d) Klä en plåt eller plåt med bakplåtspapper.
e) Använd en liten sked eller en melonballer, gröp ur små portioner av cheesecakefyllningen och forma dem till små bollar. Lägg dem på bakplåtspappret.
f) Ställ in plåten i frysen i ca 20-30 minuter för att stelna ostkakefyllningen.

FÖRBERED chokladöverdraget:
g) Smält den hackade chokladen i en skål som tål mikrovågsugn eller använd en dubbelpanna. Om du använder, tillsätt vegetabilisk olja för att skapa en slätare och tunnare chokladöverdrag.

COAT THE Pops:
h) Ta ut cheesecakefyllningen från frysen.
i) Använd en gaffel eller en tandpetare och doppa varje cheesecakeboll i den smälta chokladen och se till att den är helt täckt.

j) Låt eventuell överflödig choklad droppa av och lägg sedan tillbaka de belagda Pops på den bakplåtspappersklädda brickan.

CHILL OCH SET:

k) Placera brickan med de belagda Pops i kylen och låt dem svalna i cirka 30 minuter, eller tills chokladöverdraget stelnat.

l) När Pops är helt stelna kan du överföra dem till ett serveringsfat eller förvara dem i en lufttät behållare i kylen.

14. Citrus Cheesecake Pops

INGREDIENSER:
FÖR CITRUS PIPEABLE PATE DE FRUIT GEL:
- 1 kopp citrusjuice (citron, lime, apelsin eller en blandning)
- 1/4 kopp strösocker
- 2 matskedar pektin
- Skal av citrusfrukterna
- Gul och orange matfärgning (valfritt)

FÖR GREOST GANACHEN:
- 8 oz färskost, mjukad
- 1/2 kopp vit choklad, hackad
- 1/4 kopp tung grädde
- 2 msk osaltat smör
- 1 tsk rent vaniljextrakt

FÖR DEN PIPEBARA KAKABOTEN:
- 1/2 kopp osaltat smör, mjukat
- 1/4 kopp strösocker
- 1 kopp universalmjöl
- 1/4 tsk salt
- 1/2 tsk rent vaniljextrakt

FÖR DET NÖTFRIA ALTERNATIVET:
- Använd solrosfrösmör eller annat nötfritt pålägg i stället för kakbotten.

INSTRUKTIONER:
FÖR CITRUS PIPEABLE PATE DE FRUIT GEL:
a) Blanda citrusjuice och socker i en kastrull. Värm på medel-låg värme, rör om tills sockret lösts upp.
b) Blanda pektinet med lite vatten i en separat skål för att skapa en slurry. Tillsätt denna uppslamning till citrusblandningen och rör om kontinuerligt.
c) Koka upp blandningen, sänk sedan värmen och låt sjuda i 2-3 minuter tills den tjocknar.
d) Ta bort från värmen, rör i citrusskalet och tillsätt matfärg om så önskas.
e) Häll gelén i en silikonform eller en fodrad bricka och låt den svalna och stelna i kylen i några timmar eller tills den stelnar.

FÖR GREOST GANACHEN:
f) Smält den vita chokladen i en mikrovågsugn eller dubbelkokare och ställ den åt sidan för att svalna något.
g) Vispa den mjukgjorda färskosten i en bunke tills den är slät och krämig.
h) Värm grädden och smöret i en liten kastrull tills det är varmt men inte kokar. Häll detta över den smälta vita chokladen och blanda tills det är slätt.
i) Tillsätt den vita chokladblandningen och vaniljextraktet till färskosten och blanda tills det är väl blandat. Ställ åt sidan för att svalna.

FÖR DEN PIPEBARA KAKABOTEN:
j) Grädda ihop det mjuka smöret och sockret i en bunke tills det är ljust och fluffigt.
k) Tillsätt vaniljextrakt, mjöl och salt. Blanda tills en deg bildas.
l) Lägg över degen i en spritspåse med en stor rund spets.
m) Sprid ut en liten mängd deg i botten av dina Pops-formar.

HOPSÄTTNING:
n) Sprid en liten mängd av Cream Cheese Ganache ovanpå kakbottnen i formarna.
o) Lägg en bit av Citrus Pipeable Pate de Fruit Gel ovanpå ganachen.
p) Sprid ytterligare ett lager av Cream Cheese Ganache över gelén, fyll formarna till toppen.
q) Låt Pops stelna i kylen i några timmar eller tills de stelnat.
r) Förvara Citrus Cheesecake Pops i en lufttät behållare i kylen för en längre hållbarhet. Korrekt förvaring hjälper till att behålla deras fräschör och smak.

15. Cherry Cheesecake Pops

INGREDIENSER:
FÖR FYLLNING AV KÖRSBÄRSOSTKAKA:
- 8 oz färskost, mjukad
- 1/4 kopp strösocker
- 1/2 tsk vaniljextrakt
- 1/2 kopp burk körsbärspaj fyllning

FÖR DEN YTTRE CHOKLADBETRÄGET:
- 8 oz vit eller mörk choklad av god kvalitet, hackad
- 1 matsked vegetabilisk olja eller kokosolja (valfritt, för jämnare beläggning)

INSTRUKTIONER:
FÖRBEREDA FYLLNING AV KÖRSBÄRSCHEESCAKE:
a) Vispa den mjukgjorda färskosten i en mixerskål tills den är slät och krämig.
b) Tillsätt strösocker och vaniljextrakt och blanda tills det är väl blandat.
c) Vänd försiktigt ner fyllningen av burkkörsbärspaj, var noga med att inte blanda för mycket för att behålla konsistensen.
FORMA FYLLNINGEN:
d) Klä en plåt eller plåt med bakplåtspapper.
e) Använd en liten sked eller en melonballer, gröp ur små portioner av körsbärscheesecakefyllningen och forma dem till små bollar. Lägg dem på bakplåtspappret.
f) 3. Frys in fyllningen:
g) Ställ in plåten i frysen i ca 20-30 minuter för att stelna ostkakefyllningen.
FÖRBERED chokladöverdraget:
h) Smält den hackade chokladen i en skål som tål mikrovågsugn eller använd en dubbelpanna. Om du använder, tillsätt vegetabilisk olja för att skapa en slätare och tunnare chokladöverdrag.
i) Ta ut cheesecakefyllningen från frysen.
j) Använd en gaffel eller en tandpetare, doppa varje körsbärscheesecakeboll i den smälta chokladen, och se till att den är helt överdragen.
k) Låt eventuell överflödig choklad droppa av och lägg sedan tillbaka de belagda Pops på den bakplåtspapperslädda brickan.
CHILL OCH STÄLL IN:
l) Placera brickan med de belagda Pops i kylen och låt dem svalna i cirka 30 minuter, eller tills chokladöverdraget stelnat.
m) När Pops är helt stelna kan du överföra dem till ett serveringsfat eller förvara dem i en lufttät behållare i kylen.

16. Strawberry Cheesecake Pops

INGREDIENSER:

FÖR FYLLNING AV JORDGubbsostkaka:
- 8 oz färskost, mjukad
- 1/4 kopp strösocker
- 1/2 tsk vaniljextrakt
- 1/2 kopp färska jordgubbar, finhackade

FÖR DEN YTTRE CHOKLADBETRÄGET:
- 8 oz vit eller mörk choklad av god kvalitet, hackad
- 1 matsked vegetabilisk olja eller kokosolja (valfritt, för jämnare beläggning)

INSTRUKTIONER:

FÖRBEREDA JORDGubbsostkakafyllningen:

a) Vispa den mjukgjorda färskosten i en mixerskål tills den är slät och krämig.

b) Tillsätt strösocker och vaniljextrakt och blanda tills det är väl blandat.

c) Vänd försiktigt ner de finhackade färska jordgubbarna, var noga med att inte blanda för mycket för att behålla konsistensen.

FORMA FYLLNINGEN:

d) Klä en plåt eller plåt med bakplåtspapper.

e) Använd en liten sked eller en melonballer, gröp ur små portioner av jordgubbscheesecakefyllningen och forma dem till små bollar. Lägg dem på bakplåtspappret.

f) Ställ in plåten i frysen i ca 20-30 minuter för att stelna ostkakefyllningen.

FÖRBERED chokladöverdraget:

g) Smält den hackade chokladen i en skål som tål mikrovågsugn eller använd en dubbelpanna. Om du använder, tillsätt vegetabilisk olja för att skapa en slätare och tunnare chokladöverdrag.

h) Ta ut cheesecakefyllningen från frysen.

i) Använd en gaffel eller en tandpetare, doppa varje jordgubbscheesecakeboll i den smälta chokladen och se till att den är helt överdragen.

j) Låt eventuell överflödig choklad droppa av och lägg sedan tillbaka de belagda Pops på den bakplåtspappersklädda brickan.

CHILL OCH SET:
k)   Placera brickan med de belagda Pops i kylen och låt dem svalna i cirka 30 minuter, eller tills chokladöverdraget stelnat.
l)   När Pops är helt stelna kan du överföra dem till ett serveringsfat eller förvara dem i en lufttät behållare i kylen.

17. Lemon Blueberry Cheesecake Pops

INGREDIENSER:

- 1 dl färskost, mjukad
- 1/4 kopp strösocker
- Skal av 1 citron
- 1/2 dl blåbär, färska eller frysta
- 1 kopp vita chokladchips
- 1 msk kokosolja

INSTRUKTIONER:

a) Blanda färskost, strösocker och citronskal i en skål tills det är slätt.
b) Vänd försiktigt ner blåbären.
c) Forma blandningen till små bollar och lägg dem på en bakplåtspappersklädd plåt.
d) Smält vita chokladchips med kokosolja i en mikrovågsugn eller i en dubbelpanna.
e) Doppa varje cheesecakeboll i den smälta vita chokladen, täck jämnt.
f) Lägg tillbaka de belagda bollarna på bakplåten och ställ i kylen tills chokladen stelnat.

ROLIGA OCH FÄRGRIGA KAKEPOPS

18. Sockervadd Cake Pops

INGREDIENSER:
- 1 box cake mix (valfri smak)
- Ingredienser som krävs för kakmix (ägg, olja, vatten)
- Frosting (valfri smak)
- Sockervadd
- Lollipop pinnar
- Candy melts eller chokladchips (valfritt)

INSTRUKTIONER:
a) Förbered kakmixen enligt anvisningarna på kartongen.
b) När kakan har gräddats och svalnat smulas den i en stor skål.
c) Tillsätt frosting till den smulade kakan och blanda tills den är väl kombinerad och blandningen håller ihop.
d) Rulla blandningen till små bollar och stick in en klubba i varje boll.
e) Smält candy melts eller chokladchips (om du använder dem) och doppa varje cake pop i den smälta beläggningen, låt överskottet droppa av.
f) Medan beläggningen fortfarande är våt, strö krossad sockervadd över cake pops.
g) Lägg cake pops upprätt i en ställning eller på en plåt klädd med bakplåtspapper för att beläggningen ska stelna.
h) När du har satt dig är dina sockervaddskaka redo att njuta av!

19.Funfetti Confetti Cake Pops

INGREDIENSER:
FÖR CAKE POPS:
- 1 ask funfetti kakmix
- ½ kopp osaltat smör, mjukat
- ½ kopp helmjölk
- 3 stora ägg
- ½ kopp färgglada konfetti strössel

FÖR GODISBELAGNING:
- 12 uns av vitt godis smälter eller vita chokladchips
- 2 matskedar vegetabilisk olja eller matfett
- Ytterligare färgglada konfetti strössel (för garnering)

FÖR MONTERING AV CAKE POPS:
- Cake pop sticks eller klubbor

INSTRUKTIONER:
FÖR CAKE POPS:
a) Värm ugnen till den temperatur som anges på kakmixboxen.
b) Smörj och mjöla en ugnsform eller klä den med bakplåtspapper.
c) I en blandningsskål, förbered funfetti-kakablandningen enligt anvisningarna på förpackningen, med osaltat smör, helmjölk och ägg.
d) Vik försiktigt ner det färgglada konfettiströsselet i kaksmeten tills det är jämnt fördelat.
e) Grädda kakan i den förvärmda ugnen tills en tandpetare som sticks in i mitten kommer ut ren.
f) Låt kakan svalna helt.
g) Så här sätter du ihop cake pops:
h) Smula den avsvalnade kakan till fina smulor med händerna eller en matberedare.
i) Rulla blandningen till små kakbollar, ungefär lika stora som en pingisboll, och lägg dem på en bakplåtspapperklädd plåt.
j) Kyl kakbollarna i kylen i cirka 30 minuter eller tills de är fasta.

FÖR GODISBELAGNING:
k) I en mikrovågssäker skål, smält den vita godismelten eller vita chokladchips med vegetabilisk olja eller matfett i korta intervaller, rör om tills den är slät.

ATT AVSLUTA:
l) Doppa spetsen på en cake pop stick i den smälta godisbeläggningen och sätt in den i mitten av en kyld kakboll, ungefär halvvägs.
m) Doppa hela kakbollen i den smälta godisöverdraget och se till att den är helt täckt.
n) Strö omedelbart den belagda cake pop med färgglada konfetti strössel innan beläggningen sätter.
o) Ställ cake pops upprätt i ett frigolitblock eller ett cake pop-ställ så att godisöverdraget stelnar helt.

20.Vanilj och strössel Cake Pops

INGREDIENSER:
FÖR CAKE POPS:
- 1 låda vaniljkakemix
- ½ kopp osaltat smör, mjukat
- ½ kopp helmjölk
- 3 stora ägg

FÖR FROSTNING:
- ½ kopp osaltat smör, mjukat
- 2 koppar strösocker
- 1 tsk vaniljextrakt
- 2 matskedar helmjölk

FÖR GODISBELAGNING:
- 12 uns av vitt godis smälter eller vita chokladchips
- Färgglada strössel (valfritt)

FÖR MONTERING AV CAKE POPS:
- Cake pop sticks eller klubbor

INSTRUKTIONER:
FÖR CAKE POPS:
a) Värm ugnen till den temperatur som anges på kakmixboxen.
b) Smörj och mjöla en ugnsform eller klä den med bakplåtspapper.
c) I en mixerskål, förbered vaniljkakeblandningen enligt anvisningarna på förpackningen, med osaltat smör, helmjölk och ägg.
d) Grädda kakan i den förvärmda ugnen tills en tandpetare som sticks in i mitten kommer ut ren.
e) Låt kakan svalna helt.

FÖR FROSTNING:
f) Vispa det mjukade smöret i en separat bunke tills det är slätt och krämigt.
g) Tillsätt gradvis strösocker, vaniljextrakt och helmjölk och fortsätt att vispa tills frostingen är slät och bredbar.

SÅ HÄR MONTERAR DU CAKE POPS:
h) Smula den avsvalnade kakan till fina smulor med händerna eller en matberedare.
i) Tillsätt frostingen till kaksmulorna och blanda tills det är väl blandat.

j) Rulla blandningen till små kakbollar, ungefär lika stora som en pingisboll, och lägg dem på en bakplåtspappersklädd plåt.

k) Kyl kakbollarna i kylen i cirka 30 minuter eller tills de är fasta.

FÖR GODISBELAGNING:

l) Smält den vita godismelten eller vita chokladchips enligt anvisningarna på förpackningen, med hjälp av en mikrovågsugn eller en dubbelpanna.

m) Doppa spetsen på en cake pop stick i den smälta godisbeläggningen och sätt in den i mitten av en kyld kakboll, ungefär halvvägs.

n) Doppa hela cake pop i den smälta godisbeläggningen och se till att den är helt belagd.

o) Tillsätt färgglada strössel (om så önskas) medan beläggningen fortfarande är våt.

ATT AVSLUTA:

p) Ställ cake pops upprätt i ett frigolitblock eller ett cake pop-ställ så att godisöverdraget stelnar helt.

21. Truffula Tree Cake Pops

INGREDIENSER:
FÖR CAKE POPS:
- 1 låda av din favoritkakamix (plus ingredienser som anges på lådan)
- ½ dl smörkrämfrosting (köpt i butik eller hemgjord)
- Lollipop pinnar

FÖR BELÄGGNING:
- 1 paket godisöverdrag med vaniljsmak
- Diverse livfulla matfärger (för Truffula-trädfärger)
- Ätbara färgade sockerarter eller strössel (för trädkronor)

INSTRUKTIONER:
FÖR CAKE POPS:
a) Värm ugnen enligt instruktionerna för kakmixen. Smörj och mjöla en kakform.
b) Förbered kakmixen enligt anvisningarna på förpackningen.
c) Grädda kakan enligt anvisningarna och låt den svalna helt.
d) När kakan har svalnat, smula den till fina smulor i en stor mixerskål.
e) Tillsätt smörkrämen till kaksmulorna och blanda tills det är väl blandat. Blandningen ska ha en degliknande konsistens.
f) Forma blandningen till små cake pop-stora bollar och lägg dem på en bakplåtspappersklädd plåt.
g) Sätt i klubbor i varje kakboll för att skapa cake pops.

FÖR BELÄGGNING:
h) Bryt vaniljbeläggningen i bitar och lägg den i en värmesäker skål.
i) Smält vaniljdraget enligt anvisningarna på förpackningen. Vanligtvis innebär detta mikrovågsugn i 30 sekunders intervall tills den är helt smält.
j) Dela den smälta vaniljbeläggningen i mindre skålar och lägg till olika livfulla matfärger till varje skål för att representera de olika färgerna på Truffula-träden.
k) Doppa varje cake pop i den färgade beläggningen för att säkerställa en jämn beläggning.
l) Innan beläggningen sätter, strö ätbara färgade sockerarter eller strössel på toppen av varje cake pop för att likna den tuftade toppen av ett tryffelträd.
m) Låt beläggningen stelna helt innan servering.

22. Födelsedagstårta Popcorn

INGREDIENSER:
- 8 dl poppad popcorn
- 1 kopp vita chokladchips
- ½ kopp kakmix (ditt val av smak)
- ¼ kopp färgglada strössel

INSTRUKTIONER:

a) Lägg de poppade popcornen i en stor skål och ställ åt sidan.

b) Smält de vita chokladchipsen i mikrovågsugnen i en mikrovågssäker skål i 30-sekundersintervaller, rör om emellan, tills de är helt smält och slät.

c) Rör ner kakmixen i den smälta vita chokladen tills den är väl blandad.

d) Häll den vita chokladblandningen över popcornen och rör försiktigt tills popcornen är jämnt täckta.

e) Strö det färgglada strösseln över popcornen och släng igen för att fördela strösseln.

f) Bred ut popcornen på en bakplåtspappersklädd plåt och låt svalna tills den vita chokladen stelnar.

g) När de har stelnat, bryt popcornen i mindre bitar och överför dem till en lufttät behållare för förvaring eller servering.

23.Cake Pops med frystorkade käglor

INGREDIENSER:
- 1 ½ koppar beredd Unicorn Cake, smulad
- 2 ½ msk vaniljfrosting
- 6 uns godis smälter, smält och varmt
- Orange matfärg
- ¼ kopp Hackade Frystorkade SKITTLES

INSTRUKTIONER:

a) I en skål, kombinera den smulade Unicorn Cake och vaniljfrosting. Blanda tills det är väl blandat.

b) Rulla blandningen till 12 lika stora bollar.

c) Värm godissmältorna och tillsätt orange matfärg, blanda tills du uppnår önskad färg.

d) Doppa ena änden av en klubba ca ½ tum i den färgade godissmältan och sätt omedelbart in den i en kakboll ungefär halvvägs. Upprepa för varje cake pop.

e) Lägg cake pops på en plåt med klädd plåt och ställ in dem i frysen i 15 minuter så att de stelnar.

f) Belägg varje cake pop i den färgade godismeltan, vilket säkerställer en jämn och slät beläggning.

g) Strö omedelbart hackade frystorkade SKITTLES på de godisbelagda cake pops medan beläggningen fortfarande är våt.

h) Lägg tillbaka de färdiga cake popsna på den klädda plåten och låt dem stelna.

i) När godisbeläggningen har stelnat är dina Celebration Cake Pops med frystorkade SKITTLES redo att avnjutas!

24. Roliga & festliga Cake Pops

INGREDIENSER:
- 1 paket kakmix (vanlig storlek), valfri smak
- 1 kopp beredd frosting, valfri smak
- 48 klubbor
- 2-½ pund mörk choklad, mjölkchoklad, vit eller rosa godisöverdrag, grovt hackad
- Valfria pålägg: Nonpareils, krossade pepparmyntsgodis, finhackade cashewnötter, osötad kokos, diverse strössel, finhackad kristalliserad ingefära, krossade gingersnap-kakor, smälta karameller och grovt havssalt

INSTRUKTIONER:
a) Förbered och baka kakmixen enligt anvisningarna på förpackningen, med en smord 13x9-tums bakform. Låt kakan svalna helt på galler.

b) Smula ner den avsvalnade kakan i en stor skål. Tillsätt frostingen och blanda väl. Forma blandningen till 1-½-tums bollar och lägg dem på bakplåtar. Stick in en klubba i varje boll. Frys in i minst 2 timmar eller kyl i minst 3 timmar tills kakbollarna är fasta.

c) Smält godisbeläggningen i en mikrovågsugn. Doppa varje kakboll i beläggningen, låt överskottet droppa av. Rulla, strö eller ringla över cake pops med ditt val av pålägg.

d) Sätt in cake pops i ett skumblock så att de står upprätt. Låt dem stå tills beläggningen stelnar.

25.Rainbow Swirl Cake Pops

INGREDIENSER:

- 1 låda vaniljkakemix
- Livsmedelsfärg (röd, orange, gul, grön, blå, lila)
- 1 burk frosting
- Lollipop pinnar
- Vit choklad smälter
- Strössel

INSTRUKTIONER:

a) Förbered vaniljkakemixen enligt anvisningarna på förpackningen.
b) Fördela smeten jämnt i sex skålar.
c) Lägg till en annan matfärg till varje skål för att skapa regnbågens färger.
d) Häll små mängder av varje färgad smet i en klädd kakform, skapa lager.
e) Grädda kakan enligt anvisningarna på förpackningen och låt den svalna helt.
f) Smula den avsvalnade kakan till fina smulor i en stor skål.
g) Tillsätt frosting till kaksmulorna och blanda tills det är väl blandat och blandningen kan hålla sin form.
h) Rulla tårtblandningen till små bollar och lägg dem på en bakplåtspappersklädd plåt.
i) Stick in en klubba i varje kakboll och frys i 15 minuter.
j) Smält den vita chokladen enligt anvisningarna på förpackningen.
k) Doppa varje cake pop i den smälta chokladen, låt överskottet droppa av.
l) Dekorera med strössel och låt chokladen stelna innan servering.

26. Unicorn Cake Pops

INGREDIENSER:

- 1 ask kakmix (valfri smak)
- 1 burk frosting
- Pastellfärgad fondant
- Ätbart gulddamm eller stänk
- Lollipop pinnar
- Godis smälter (vitt)
- Ätbara markörer eller gel matfärg

INSTRUKTIONER:

a) Förbered kakmixen enligt förpackningens anvisningar och låt den svalna helt.
b) Smula den avsvalnade kakan till fina smulor i en stor skål.
c) Tillsätt frosting till kaksmulorna och blanda tills det är väl blandat och blandningen kan hålla sin form.
d) Rulla tårtblandningen till små bollar och lägg dem på en bakplåtspappersklädd plåt.
e) Stick in en klubba i varje kakboll och frys i 15 minuter.
f) Rulla ut fondanten och klipp ut former för enhörningsöron, horn och andra dekorationer.
g) Smält godissmältorna enligt anvisningarna på förpackningen.
h) Doppa varje cake pop i den smälta godismelten och låt överskottet droppa av.
i) Fäst fondantdekorationerna på cake pops medan godisöverdraget fortfarande är blött.
j) Strö över ätbart gulddamm eller strössel för extra magi.
k) Låt godisöverdraget stelna innan servering.

27. Galaxy Cake Pops

INGREDIENSER:
- 1 ask chokladkakamix
- Ätbart glitter eller stjärnströssel
- Svart och vitt godis smälter
- Lollipop pinnar
- Silver ätbar färg eller matfärg
- Ätbara stjärnor i silver eller guld

INSTRUKTIONER:
a) Förbered chokladkakamixen enligt förpackningens anvisningar och låt den svalna helt.
b) Smula den avsvalnade kakan till fina smulor i en stor skål.
c) Tillsätt frosting till kaksmulorna och blanda tills det är väl blandat och blandningen kan hålla sin form.
d) Rulla tårtblandningen till små bollar och lägg dem på en bakplåtspappersklädd plåt.
e) Stick in en klubba i varje kakboll och frys i 15 minuter.
f) Smält de svarta godismeltorna enligt anvisningarna på förpackningen.
g) Doppa varje cake pop i den smälta svarta godismelten, låt överskottet droppa av.
h) Strö omedelbart över ätbart glitter eller stjärnströssel för att skapa en galaxeffekt.
i) Smält den vita godismelten och ringla över cake pops för att skapa stjärnor.
j) Använd ätbar silverfärg eller matfärg för att lägga till ytterligare detaljer till galaxen.
k) Strö över ätbara silver- eller guldstjärnor för extra gnistan.
l) Låt godisöverdraget stelna innan servering.

CHOKLAD TAARKAPOPPS

28. Choklad Fudge Cake Balls

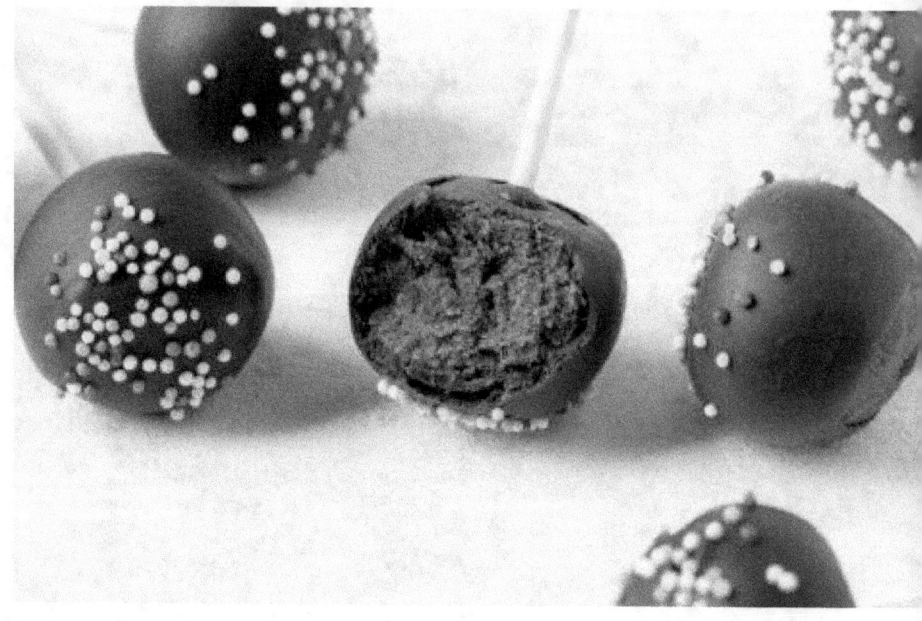

INGREDIENSER:
FÖR Tårtbollarna:
- 1 ask choklad fudge kakmix
- ½ kopp osaltat smör, mjukat
- ½ kopp helmjölk
- 3 stora ägg

FÖR CHOKLADTRÄCKET:
- 12 uns halvsöta chokladchips eller mörk choklad smälter
- 2 matskedar vegetabilisk olja eller matfett
- Chokladströssel eller krossade nötter (valfritt, för garnering)

FÖR MONTERING AV TÅRKBULAR:
- Cake pop sticks eller klubbor

INSTRUKTIONER:
FÖR Tårtbollarna:
a) Värm ugnen till den temperatur som anges på kakmixboxen.
b) Smörj och mjöla en ugnsform eller klä den med bakplåtspapper.
c) I en blandningsskål, förbered chokladfudge-kakablandningen enligt anvisningarna på förpackningen, med osaltat smör, helmjölk och ägg.
d) Grädda kakan i den förvärmda ugnen tills en tandpetare som sticks in i mitten kommer ut ren.
e) Låt kakan svalna helt.

SÅ HÄR MONTERAR DU TÅRKBULAR:
f) Smula den avsvalnade kakan till fina smulor med händerna eller en matberedare.
g) Rulla kaksmulorna till små kakbollar, ungefär lika stora som en pingisboll, och lägg dem på en bakplåtspappersklädd plåt.
h) Kyl kakbollarna i kylen i cirka 30 minuter eller tills de är fasta.

FÖR CHOKLADTRÄCKET:
i) I en mikrovågssäker skål, smält de halvsöta chokladchipsen eller den mörka chokladsmältan med vegetabilisk olja eller matfett i korta intervaller, rör om tills den är slät.
j) Att avsluta:
k) Doppa spetsen på en cake pop stick i den smälta chokladen och sätt in den i mitten av en kyld kakboll, ungefär halvvägs.

l) Doppa hela kakbollen i den smälta chokladen och se till att den är helt täckt.

m) Garnera med chokladströssel eller krossade nötter (om så önskas) medan beläggningen fortfarande är våt.

n) Ställ kakbollarna upprätt i ett frigolitblock eller ett cake pop-ställ så att chokladöverdraget stelnar helt.

29. Choklad och godis smälter Cake Pops

INGREDIENSER:

- 1 chokladkaka (hemgjord eller köpt i butik)
- 1 dl chokladfrosting
- 2 koppar chokladgodis smälter (för doppning)
- Blandat strössel och dekorationer

INSTRUKTIONER:

a) Baka chokladkakan enligt anvisningarna på förpackningen eller ditt föredragna recept. Låt den svalna helt.

b) Smula den avsvalnade chokladkakan till fina smulor i en stor skål med händerna eller en gaffel.

c) Tillsätt chokladfrosting till kaksmulorna och blanda tills det är väl blandat. Blandningen ska vara tillräckligt fuktig för att hålla formen när den rullas till bollar.

SLAGTA ROLIGA FORMER:

d) Bli kreativ genom att forma tårtblandningen till roliga och fantasifulla former. Använd kakformar eller forma små portioner till djur, stjärnor eller andra lekfulla former.

SÄTT I TÅKEPOP-STIKAR:

e) Sätt in cake pop-pinnar i de tillverkade formerna. Se till att de är säkert placerade, vilket möjliggör enkel hantering.

f) Ställ de formade cake pops i kylen i minst 30 minuter för att stelna.

MÄLT CHOKLAD GODIS OVERDRAG:

g) Smält chokladgodissmältorna enligt anvisningarna på förpackningen.

h) Se till att använda en mikrovågssäker skål eller en dubbelpanna.

DIPPA OCH PRYTA:

i) Doppa varje kyld cake pop i den smälta chokladen och täck den helt. Låt överflödig choklad droppa av innan du lägger cake pop på bakplåtspapper.

KREATIV DÖPPNING OCH INREDNINGSTEKNIKER:

j) Utforska olika dopp- och dekorationstekniker. Du kan ringla över ytterligare smält choklad, strö över färgglada pålägg eller till och med använda ätbara markörer för personlig design.

k) Låt de dekorerade cake popsna stelna tills chokladöverdraget är fast.

l) När du är klar, njut av dessa läckra och visuellt tilltalande godsaker!

30. Tysk Choklad Cake Pops

INGREDIENSER:
KAKA:
- 1 hemmagjord tysk chokladkaka

KOKOS-PEKANOT FROSTING:
- 1 burk (14 uns) sötad kondenserad mjölk
- ½ kopp osaltat smör, smält
- 3 äggulor
- 1 ½ dl riven kokos
- 1 kopp hackade pekannötter
- 2 teskedar vaniljextrakt

TRYFFEL:
- 4 koppar smält halvsöt chokladchips
- 1 kopp riven kokos
- 1 kopp hackade pekannötter

INSTRUKTIONER:
KAKA:

a) Värm ugnen till 350 grader Fahrenheit.
b) Förbered och grädda kakan enligt anvisningarna på förpackningen.
c) Låt kakan svalna och smula den sedan i små bitar. Avsätta.

KOKOS-PEKANOT FROSTING:

d) I en kastrull, kombinera det smälta smöret, sötad kondenserad mjölk och äggulor.
e) Rör blandningen kontinuerligt på medelvärme tills den tjocknar, cirka 10 minuter.
f) Ta kastrullen från värmen och rör ner vaniljextrakt, riven kokos och hackade pekannötter.
g) Låt frostingen svalna av värmen i minst 30 minuter, rör om då och då.

TÅRTRYFFLAR:

h) I en stor blandningsskål, kombinera den smulade kakan och kokos-pecannötsfrostingen. Blanda väl.
i) Forma blandningen till 1-tums bollar och lägg dem på en liten bakplåt eller annan fryssäker yta klädd med bakplåtspapper.
j) Frys kakbollarna i cirka 30 minuter till en timme tills de är fasta.

k) När kakbollarna är fasta, smält chokladchipsen i mikrovågsugnen i en glasskål, värm upp med en minuts mellanrum och rör om tills de är slät.

l) Lägg den rivna kokosnöten och de hackade pekannötterna i separata skålar för att strö över.

m) Använd en fonduestav eller liknande verktyg, doppa varje kakboll i den smälta chokladen och lägg den sedan tillbaka på bakplåtspappret.

n) Strö en liten mängd riven kokos och hackade pekannötter över varje chokladdragerad kakboll innan chokladen stelnar.

o) När alla kakbollar är överdragna med choklad och dekorerade, ringla lite smält kola över varje tryffel.

p) Låt chokladen stelna innan servering. Du kan påskynda processen genom att kyla tryffeln i 30 minuter om så önskas.

31.Chokladdragerad pumpa Cake Pops

INGREDIENSER:
- 1 ask Betty Crocker Super Moist Devil's Food Cake Mix (eller någon annan chokladsmak)
- 1 ½ koppar burk pumpapaj mix (ej pumpa puré)
- 2 matskedar Betty Crocker Rich & Creamy Chocolate Frosting (från ett 16 ounces badkar)
- 2 koppar mörk chokladgodis smälter
- 2 matskedar strössel

INSTRUKTIONER:
a) Värm ugnen till 350°F (175°C). Samla alla dina ingredienser.
b) I en stor skål, kombinera chokladkakamixen och den konserverade pumpapajmixen. Rör om tills blandningen är slät, fördela den sedan jämnt i en 9x13-tums ugnsform.
c) Grädda kakan i 30-35 minuter, eller tills mitten fjädrar tillbaka lätt vid beröring.
d) Ta ut kakan från ugnen och låt den svalna helt. När den svalnat, klipp av kanterna på kakan och släng dem. Smula resten av kakan i en stor skål.
e) Blanda den smulade kakan med chokladfrosting tills det bildas en deg som liknar Play-Dohs konsistens.
f) Rulla kakdegen till 12 bollar. Om så önskas, sätt in ett pappersstrå i mitten av varje boll för att skapa cake pops.
g) (Valfritt: Smält den mörka chokladgodisen enligt anvisningarna på förpackningen.)
h) Doppa varje cake pop i den smälta mörka chokladen tills den är helt täckt. Låt eventuell överflödig choklad droppa av.
i) Lägg de chokladdragerade cake popsna på en bakplåtspapperklädd plåt.
j) Strö topparna på cake pops med färgglada strössel innan chokladen stelnar.
k) Låt chokladen stelna helt innan servering. Njut av dina läckra chokladtäckta pumpa cake pops!

32.Choklad apelsin Cake Pops

INGREDIENSER:
- 120 g osaltat smör, mjukat
- 150 g strösocker
- Skal av 1 apelsin
- 1 tsk apelsinjuice
- 2 stora ägg, vispade
- 180g självjäsande mjöl
- 3 msk mjölk, i rumstemperatur
- 200 g mörk choklad
- Strössel (valfritt)

INSTRUKTIONER:

a) Värm ugnen till 180°C (350°F) och grädda ihop det mjukade smöret och strösockret tills det är ljust och fluffigt.

b) Tillsätt apelsinskal och juice och blanda sedan gradvis i de vispade äggen tills blandningen blir ljus och fluffig.

c) Vänd ner det självjäsande mjölet och hälften av mjölken tills det är helt blandat. Upprepa detta steg med resterande mjöl och mjölk.

d) Smörj den nedre halvan av en silikonform (halvan utan hål) med smör och häll sedan blandningen i varje kopp tills den är jämn.

e) Placera den övre halvan av formen över den nedre halvan och klipp ihop dem för att säkerställa att det bildas perfekta sfärer när de gräddas.

f) Grädda i 35 minuter på mitten av ugnen tills de är gyllenbruna.

g) Till dekoration, smält den mörka chokladen i en bain-marie. Doppa änden av klubborna i den smälta chokladen och sätt in dem i cake pop-bollarna. Låt dem svalna i några minuter tills de är fasta.

h) När de är fast, doppa varje cake pop i den smälta chokladen, och se till att de är helt täckta. Knacka försiktigt på pinnen för att ta bort eventuell överflödig beläggning.

i) Placera den övre halvan av cake pop-formen på en jämn yta. Tryck in cake pop-stavarna ordentligt i hålen ovanpå formen och låt chokladen svalna i några minuter.

j) Dekorera med strössel, nötter, glasyr eller ytterligare choklad. Obs: Om du använder lösa ingredienser som strössel, låt inte chokladen stelna helt eftersom de inte fastnar.

k) Vissa dekorationsmetoder kan kräva att chokladen stelnar, till exempel när du använder glasyr eller extra choklad.

l) För att göra chokladtryffel, täck dem helt enkelt med choklad och låt dem svalna på smörpapper.

33. Horchata vit chokladtryffel

INGREDIENSER:
- 1 kopp fransk vaniljkakemix siktad
- ¼ tesked mald kanel
- 4 uns färskost
- 11 uns påse med vita chokladchips, delad
- 1 matsked smör
- ⅓ kopp Chila 'Orchata
- 1 matsked kokosolja
- Strössel för dekoration

INSTRUKTIONER:

a) Använd en elektrisk mixer för att kräma ihop färskosten och smöret.

b) Smält hälften av de vita chokladbitarna genom att mikrovågsugna dem och rör om dem var 30:e sekund tills de är jämna.

c) Tillsätt chokladen i mixern och kombinera den med färskostblandningen. Tillsätt chila rom.

d) Använd en sikt för att sikta kakmixen i en separat skål för att ta bort alla klumpar.

e) Rör ner kanel till kakmixen.

f) Tillsätt långsamt de torra ingredienserna i mixerskålen och blanda ihop dem.

g) Kyl denna blandning i några timmar för att fyllningen ska stelna.

h) Använd en liten skopa för att göra en boll av fyllningen. Rulla dem med handen till bollar (det kan vara kladdigt men det är okej) och rulla sedan i strösocker. Frys i 30 minuter.

i) Ta ut dem från frysen och forma om bollarna om så önskas.

j) Mikrovågsugn den andra hälften av de vita chokladchipsen med 1 matsked kokosolja, rör om var 30:e sekund tills den är slät.

k) Använd en sked för att doppa ner bollarna i chokladöverdraget och täck dem noggrant.

l) Överför dem till en bakplåtspappersklädd plåt och lägg genast på strössel och dekorationer.

m) Placera dem tillbaka i frysen en kort stund för att stelna.

n) Servera bollarna i godisbägare. Njut av!

34. Triple Chocolate Cake Pops

INGREDIENSER:

- ¾ kopp Ghirardelli osötad kakao
- 2 koppar universalmjöl
- 1 tsk bakpulver
- 1 tsk bakpulver
- ½ tsk salt
- 1 dl smör eller margarin, mjukat
- 1-¾ koppar socker
- 2 tsk vanilj
- 2 stora ägg
- 1-⅓ koppar mjölk
- 6 matskedar smör, mjukat
- 2⅔ koppar strösocker
- ½ kopp Ghirardelli osötad kakao
- ⅓ kopp mjölk
- ½ tesked vaniljextrakt
- 5 koppar Ghirardelli 60 % kakaobittersöta chokladbakningschips
- 2 matskedar matfett
- 58 runda pappersklubbor eller pysselpinnar i trä
- ⅔ kopp Ghirardelli Classic White Baking Chips

INSTRUKTIONER:
GRAND FUDGE TÅRTA:

a) Värm ugnen till 350°F. Smörj och mjöl lätt två 9-tums runda kakformar. I en medelstor skål, kombinera kakao, mjöl, bakpulver, bakpulver och salt; avsätta. I en stor skål, grädde smör och socker på medelhög hastighet tills det är ljust och fluffigt, cirka 4 minuter.

b) Sänk hastigheten till låg och tillsätt vanilj och ägg ett i taget, skrapa bunken efter varje tillsats. Tillsätt växelvis mjölblandningen och mjölken (börja och sluta med mjölblandningen), under omrörning på låg hastighet. Fortsätt att blanda tills det är slätt.

c) Häll i förberedda formar. Grädda i 30 till 35 minuter eller tills en kakprovare som är insatt i mitten av kakan kommer ut ren.

GHIRARDELLI SMÖRKRÄMFROSTNING:

d) Vispa smöret i en skål tills det är ljust och fluffigt. Blanda strösocker med kakao i en separat skål.

e) Blanda sockerblandningen med smör växelvis med mjölk, vispa ordentligt efter varje tillsats. Vispa tills slät. Blanda i vanilj.

TRIPLE CHOCLADE CAKE POPS:

f) Smula ner Grand Fudge Cake i en mycket stor skål. Tillsätt Ghirardelli Buttercream Frosting. Vispa med en elektrisk mixer på låg hastighet tills det blandas. Använd en liten skopa eller sked och släpp blandningen i 1-½-tums högar på vaxade pappersklädda bakplåtar. Rulla högar till bollar och frys i 30 minuter.

g) I en liten mikrovågssäker skål, kombinera ¼ kopp av Ghirardelli 60 % kakaobittersöta chokladbakningschips och ¼ tesked av matfettet.

h) Koka på medelkraft (50 procent) i 1 minut. Ta bort och rör om tills det är slätt. Doppa ena änden av varje klubba i den smälta chokladen och stick ner pinnar i kakbollarna (detta hjälper bollarna att stanna på pinnarna). Frys i 30 till 60 minuter eller tills bollarna är fasta.

i) Värm Ghirardelli Classic White Baking Chips i en liten mikrovågssäker skål på medium effekt (50 procent) i 1 minut. Ta bort och rör om. Om den inte smält, återgå till mikrovågsugnen och upprepa uppvärmningssteget, rör om var 30:e sekund för att undvika brännhet. Rör om tills det är slätt. Avsätta.

j) Under tiden, i en stor mikrovågssäker skål, kombinera de återstående Ghirardelli 60 % kakaobittersweet chokladbakningschips och resterande matfett.

k) Mikrovågsugn på medium effekt (50 procent) i 2 minuter. Ta bort och rör om. Om chokladen inte är smält, återgå till mikrovågsugnen och upprepa uppvärmningssteget, rör om var 30:e sekund för att undvika att den bränns.

l) Arbeta i omgångar, doppa de frysta bollarna i den smälta bittersöta chokladen. Låt överskottet droppa av. När den bittersöta chokladen precis stelnat, ringla popsen med den smälta vita chokladen. Lägg på förberedda bakplåtar. Låt stå i 30 minuter eller tills chokladen stelnat.

m) När chokladen stelnat, överför till en förvaringsbehållare och förvara, täckt, i kylen i upp till 1 vecka. Låt stå i rumstemperatur i minst 30 minuter innan servering.

35. Vit Choklad Cake Pops

INGREDIENSER:

- 600g Green's Vanilla Mud Cake
- ¼ kopp dollargodis 100- och 1000-tal
- 2 frigående ägg
- ¼ kopp vegetabilisk olja
- 20 g osaltat smör, mjukat
- 360g block vit choklad, hackad

INSTRUKTIONER:

a) Baka lerkakan enligt anvisningarna på förpackningen, använd ägg, vegetabilisk olja och ½ kopp vatten. Låt kakan svalna helt.

b) Hacka kakan grovt och lägg den i en stor skål. Smula sönder kakan med rena händer.

c) Gör lerkakeglasyren enligt anvisningarna på förpackningen, använd smör. Tillsätt glasyren till den smulade kakan och blanda ihop.

d) Klä 2 stora bakplåtar med bakplåtspapper. Komprimera och rulla matskedar av blandningen till äggformade bollar till 30 totalt. Sätt i varje boll med en cake pop stick eller spett. Kyl i 15 minuter eller tills den är fast.

e) Lägg den vita chokladen i en liten värmesäker skål över en liten kastrull med sjudande vatten (se till att skålens botten inte rör vid vattnet). Koka i 5 minuter, rör om då och då, eller tills den smält.

f) Doppa varje äggformad kakboll, en i taget, i den smälta chokladen för att täcka, låt överflödig choklad rinna av och strö sedan ut med 100s & 1000s.

g) Lägg tillbaka de belagda cake popsna i brickorna och ställ sedan i kylen i 15 minuter eller tills de stelnat. Servera och njut!

36. Mint Chocolate Chip Cake Pops

INGREDIENSER:
CHOKLADKAKA:
- 2 koppar socker
- 1¾ koppar universalmjöl
- ¾ kopp osötat kakaopulver
- 2 tsk bakpulver
- 1 tsk bakpulver
- 1 tsk salt
- 2 ägg
- 1 kopp kärnmjölk
- 1 kopp starkt svart kaffe
- ½ kopp vegetabilisk olja
- 2 tsk vaniljextrakt

SMÖRKRÄM:
- ½ stavsmör, rumstempererat
- 1 kopp strösocker
- 2 tsk mjölk
- ½ tsk vanilj
- ¼ tesked mynta extrakt
- ¼ kopp mini chokladchips

BELÄGGNING:
- 1 lb. Mörk beläggningschoklad
- ¼ lb. vit chokladöverdrag (ljusgrön)

INSTRUKTIONER:
TILL TÅRAN:
a) Värm ugnen till 350 ° F och smörj en 9 x 13" form, fodra den med bakplåtspapper.

b) I en mixerskål, kombinera socker, mjöl, kakaopulver, bakpulver, bakpulver och salt. Blanda på låg tills den är ordentligt blandad.

c) Tillsätt ägg, kärnmjölk, kaffe, olja och vanilj. Vispa på medelhastighet i cirka två minuter tills smeten är tunn.

d) Häll smeten jämnt i den förberedda pannan och grädda i 30 till 35 minuter eller tills en tandpetare som sticks in i mitten kommer ut ren.

e) Låt kakan svalna helt på galler.

FÖR SMÖRKRÄMEN:

f) Vispa smör på hög hastighet i en mixer med trådfäste tills det är lätt och krämigt.

g) Växla till låg hastighet och tillsätt långsamt strösocker, blanda tills det blandas.

h) Tillsätt vanilj och mjölk, växla sedan tillbaka till hög hastighet och vispa tills det är ljust och fluffigt.

HOPSÄTTNING:

i) När kakan svalnat, smula den till fina smulor med händerna eller två gafflar.

j) I en stor skål, blanda smulorna med ¼ kopp + 1 matsked smörkräm, myntaextrakt och minichokladchips tills de är helt införlivade.

k) Använd en liten glasskula för att ösa ur delar av kakblandningen och rulla dem mellan händerna till runda former.

l) Lägg bollarna på en plåt och täck dem med plastfolie och ställ sedan i kylen i minst 2 timmar.

m) Smält den mörka chokladöverdraget i en mikrovågssäker skål i steg om 30 sekunder, rör om efter varje uppvärmning tills den smält.

n) Doppa en klubba i den smälta chokladen och sätt in den i mitten av en kakboll.

o) Doppa kakbollen i den smälta chokladen tills den är helt täckt, knacka bort eventuellt överskott.

p) När överflödig choklad har droppat av, lägg cake pop på frigolitblocket för att torka.

q) När chokladen är torr, smält den gröna chokladöverdraget och lägg den i en spritspåse med en liten rund spets.

r) Ringla linjer av grön choklad över cake pops, som täcker alla sidor, och lägg dem sedan tillbaka i frigolitblocket för att torka.

37. Starbucks Choklad Cake Pops

INGREDIENSER:
- 1 ask chokladkakamix
- ⅓ kopp chokladfrosting
- 1 påse chokladgodis smälter (12 ounces)
- Vitt strössel

INSTRUKTIONER:
a) Börja med att förbereda din tårta enligt anvisningarna på förpackningen.
b) Vispa kakmix, vatten, vegetabilisk olja och ägg i en stor blandningsskål.
c) Häll smeten i en smord 9x13-tums ugnsform eller två 8x8-tums runda tårtformar. Grädda i en 350°F ugn tills en tandpetare som sticks in i mitten kommer ut ren.
d) Låt kakan svalna helt och smula den sedan med en gaffel i en stor skål eller ugnsformen till fina kaksmulor. Rör ner frostingen i den smulade kakan, täck med plastfolie och frys tills den är kall.
e) Använd en kakskopa och händerna för att rulla blandningen till jämnstora bollar och lägg dem på en plåt. Sikta på storleken på en pingisboll. Frys in igen tills bollarna är hårda.
f) Det är lättare att rulla tårt- och frostingblandningen till perfekt runda bollar om den är kall. Blandningen är superfuktig och vid rumstemperatur är det extremt svårt att forma dem perfekt. När de är frysta ger du dem ytterligare en liten rulle för att jämna ut sidorna och lägg dem sedan på en plåt.
g) Smält mjölkchokladsmältan i mikrovågsugnen i steg om 30 sekunder eller en dubbelkokare. Doppa varje klubba i chokladen och stick den sedan i en av kakbollarna. Gör så här med alla och ställ tillbaka dem i frysen tills de stelnat.
h) Doppa försiktigt bollarna i den smälta chokladen eller sked chokladen på bollarna och snurra för att täcka, låt överflödig choklad ringla av på bakplåtspapper. Dekorera med strössel om så önskas.
i) Lägg dem upprätt i ett frigolitblock eller en kartong för att stelna. Nu har du lätta cake pops!

38.Choklad Espresso Cake Pops

INGREDIENSER:
- 2 dl chokladkaka smulor (från en bakad chokladkaka)
- 1/2 kopp chokladganache
- 1 dl mörk chokladchips
- 1 matsked vegetabilisk olja
- Omedelbar espressopulver (för att damma)

INSTRUKTIONER:

a) I en skål, blanda chokladkaka smulor och choklad ganache tills väl kombinerat.

b) Forma blandningen till små bollar och lägg dem på en bakplåtspappersklädd plåt.

c) Frys in bollarna i ca 30 minuter.

d) Smält mörk chokladchips med vegetabilisk olja i en mikrovågsugn eller med en dubbelkokare.

e) Doppa varje fryst choklad-espressokårta i den smälta mörka chokladen, täck jämnt.

f) Pudra toppen av varje belagd boll med instant espressopulver.

g) Lägg tillbaka de belagda bollarna på bakplåten och ställ i kylen tills chokladen stelnat.

39. Red Velvet Cake Pops

INGREDIENSER:
- 2 dl röd sammetstårta (från en bakad röd sammetstårta)
- 1/2 kopp cream cheese frosting
- 1 kopp vita chokladchips
- 1 matsked vegetabilisk olja
- Röd matfärg (valfritt)

INSTRUKTIONER:

a) I en skål, blanda röd sammetstårta smulor och cream cheese frosting tills väl kombinerat.

b) Forma blandningen till små bollar och lägg dem på en bakplåtspappersklädd plåt.

c) Frys in bollarna i ca 30 minuter.

d) Smält vita chokladchips med vegetabilisk olja i en mikrovågsugn eller med en dubbelkokare.

e) Tillsätt röd matfärg till den smälta vita chokladen om du vill ha en djupare röd färg.

f) Doppa varje fryst röd sammetstårtboll i den smälta vita chokladen, täck jämnt.

g) Lägg tillbaka de belagda bollarna på bakplåten och ställ i kylen tills chokladen stelnat.

FRUKTIG KAKEPOPS

40. Citron Hallon Cake Pops

INGREDIENSER:
FÖR CAKE POPS:
- 1 låda citronkakamix
- ½ kopp osaltat smör, mjukat
- ½ kopp helmjölk
- 3 stora ägg
- Skal av en citron

FÖR HALLONFYLLNING:
- 1 kopp färska hallon
- 2 matskedar strösocker

FÖR GODISBELAGNING:
- 12 uns av vitt godis smälter eller vita chokladchips
- Gul eller rosa matfärg (valfritt)
- Citronskal (till garnering, valfritt)

FÖR MONTERING AV CAKE POPS:
- Cake pop sticks eller klubbor

INSTRUKTIONER:
FÖR CAKE POPS:
a) Värm ugnen till den temperatur som anges på kakmixboxen.
b) Smörj och mjöla en ugnsform eller klä den med bakplåtspapper.
c) I en mixerskål, förbered citronkakablandningen enligt anvisningarna på förpackningen, med osaltat smör, helmjölk, ägg och citronskal.
d) Grädda kakan i den förvärmda ugnen tills en tandpetare som sticks in i mitten kommer ut ren.
e) Låt kakan svalna helt.

FÖR HALLONFYLLNING:
f) Mosa de färska hallonen med strösocker i en separat skål tills de bildar en slät puré.

SÅ HÄR MONTERAR DU CAKE POPS:
g) Smula den avsvalnade kakan till fina smulor med händerna eller en matberedare.
h) Blanda hallonpurén i kaksmulorna tills det är väl blandat.
i) Rulla blandningen till små kakbollar, ungefär lika stora som en pingisboll, och lägg dem på en bakplåtspapperklädd plåt.

j) Kyl kakbollarna i kylen i cirka 30 minuter eller tills de är fasta.

FÖR GODISBELAGNING:

k) Smält den vita godismelten eller vita chokladchips enligt anvisningarna på förpackningen, med hjälp av en mikrovågsugn eller en dubbelpanna.

l) Tillsätt eventuellt några droppar gul eller rosa matfärg till den smälta godisbeläggningen för att få en pastellfärgad nyans.

m) Doppa spetsen på en cake pop stick i den smälta godisbeläggningen och sätt in den i mitten av en kyld kakboll, ungefär halvvägs.

n) Doppa hela cake pop i den smälta godisbeläggningen och se till att den är helt belagd.

ATT AVSLUTA:

o) Eventuellt, garnera varje cake pop med ett stänk av citronskal för en extra burk av citronsmak.

p) Ställ cake pops upprätt i ett frigolitblock eller ett cake pop-ställ så att godisöverdraget stelnar helt.

41.Strawberry Shortcake Cake Pops

INGREDIENSER:

FÖR JORDGubbstårtan:
- 1 låda jordgubbstårta mix (plus ingredienser som anges på lådan)

FÖR JORDGubbs-SHORTCAKE-FYLLNING:
- 1 kopp tärnade färska jordgubbar
- 2 matskedar socker

FÖR CAKE POP MONTERING:
- 1 paket CandiQuik (godisöverdrag med vaniljsmak)
- Lollipop sticks eller cake pop sticks
- Vita chokladchips eller vitt godis smälter (för dekoration)
- Strössel eller ätbara dekorationer (valfritt)

INSTRUKTIONER:

FÖR JORDGubbstårtan:

a) Förvärm ugnen enligt instruktionerna för jordgubbstårta.

b) Förbered jordgubbstårtssmeten enligt anvisningarna på kartongen.

c) Grädda kakan enligt anvisningarna och låt den svalna helt.

FÖR JORDGubbs-SHORTCAKE-FYLLNING:

d) Blanda de tärnade jordgubbarna med socker i en skål. Låt dem sitta i cirka 10 minuter för att macerera och släppa saften.

e) Sila jordgubbarna för att ta bort överflödig vätska, och lämna dig med sötade jordgubbsbitar.

FÖR CAKE POP MONTERING:

f) Smula den avsvalnade jordgubbstårtan i en stor mixerskål till fina smulor.

g) Tillsätt de sötade jordgubbsbitarna till kaksmulorna och blanda tills det är väl blandat.

h) Rulla tårtblandningen till små kakbollar och lägg dem på en bakplåtspapperklädd plåt.

i) Bryt CandiQuik i bitar och lägg den i en värmesäker skål. Smält CandiQuik enligt anvisningarna på förpackningen.

j) Doppa spetsen på varje klubba i den smälta CandiQuik och sätt in den i en kakboll, ungefär halvvägs. Detta hjälper pinnen att hålla sig på plats.

k) Doppa varje cake pop i den smälta CandiQuik och se till att den är helt belagd.

l) Låt eventuell överflödig CandiQuik-beläggning droppa av och lägg sedan cake pops på den bakplåtspappersklädda plåten.

m) Valfritt: Medan CandiQuik-beläggningen fortfarande är våt, dekorera cake pops med vita chokladchips eller vit godismelt för att likna vispad grädde. Lägg på strössel eller ätbara dekorationer om så önskas.

n) Låt CandiQuik-beläggningen härda helt.

o) När de är färdigställda är dina Strawberry Shortcake Cake Pops redo att avnjutas!

42. Key Lime Cake Pops

INGREDIENSER:

- 1 låda vit kakmix
- 3 ägg
- ⅓ kopp vegetabilisk olja
- 1 kopp vatten
- Skal och saft av 2 nyckellimefrukter
- 1 paket (16 uns) CandiQuik Candy Coating
- Grön matfärg (valfritt)

INSTRUKTIONER:

a) Värm ugnen till 350°F (175°C). Smörj och mjöla en 9x13-tums bakform.
b) I en stor blandningsskål, kombinera den vita kakmixen, ägg, vegetabilisk olja, vatten, key lime zest och key lime juice. Blanda tills det är slätt.
c) Häll smeten i den förberedda bakformen och grädda i 25-30 minuter, eller tills en tandpetare som sticks in i mitten kommer ut ren.
d) Låt kakan svalna helt och smula den sedan till fina smulor i en stor skål.
e) Rulla kaksmulorna till 1 ½-tums bollar och lägg dem på en plåt klädd med bakplåtspapper. Stick in en klubba i varje boll.
f) Smält CandiQuik Candy Coating enligt anvisningarna på förpackningen.
g) Doppa varje cake pop i den smälta CandiQuik och se till att den är jämnt belagd. Tillsätt eventuellt några droppar grön matfärg för att uppnå en viktig limefärg.
h) Låt beläggningen stelna innan du serverar dessa läckra key lime cake pops. Njut av!

43.Äppelpaj Cake Pops

INGREDIENSER:

- 1 paket (15,25 uns) kryddkakemix eller gul kakmix
- ¾ kopp konserverad äppelpaj fyllning, hackad i små bitar
- ¾ kopp konserverad cream cheese frosting
- 1 pund av valfri färg konditorgodisbeläggning (cirka 3 koppar)
- 4 koppar krossade grahams kex

INSTRUKTIONER:

a) Förbered tårtblandningen enligt förpackningens instruktioner och grädda den i en 13 x 9 x 2-tums långpanna. Låt den svalna helt.

b) Smula den avsvalnade kakan till fina smulor i en stor mixerskål. Tillsätt den hackade äppelpajsfyllningen och cream cheese frostingen. Blanda väl tills det är helt blandat.

c) Klä två bakplåtar med vaxpapper. Forma kakblandningen till 1 ½-tums bollar och lägg dem på de förberedda bakplåtarna. Täck dem löst med vaxpapper och frys i 30 minuter.

d) Smält under tiden konditorns godisöverdrag enligt anvisningarna på förpackningen. Ta ut några cake pops från frysen, håll resten fryst. Doppa varje cake pop i den smälta beläggningen, låt eventuellt överskott droppa av.

e) Rulla de belagda cake popsna i de krossade grahamsbröden tills de är helt täckta. Lägg tillbaka dem på bakplåten eller i ett cake pop-ställ. Kyl i 10 minuter eller tills beläggningen stelnat. Njut av dina äppelpaj cake pops!

44. Vattenmelon Pops

INGREDIENSER:

- 1 kartong Betty Crocker Super Moist White Cake Mix
- Vatten, vegetabilisk olja och äggvita enligt instruktionerna för kakmixen
- ¼ tesked rosa pasta matfärgning
- ¾ kopp från 1 balja (16 ounce) Betty Crocker Vaniljfrosting
- ¾ kopp halvsöta miniatyrchokladchips
- 32 pappersklubbor
- 1 påse (16 uns) vitt godis smälter eller beläggning av wafers, smält
- 1 stort block vitt plastskum
- 1 påse (16 uns) grönt godis smälter eller beläggning av wafers, smält
- 1 kopp ljusgrönt godis smälter (från 16-ounce påse), smält

INSTRUKTIONER:

a) Värm ugnen till 350°F. Smörj en 13x9-tums panna med matlagningsspray.
b) Förbered och baka kakmixen enligt instruktionerna för en 13x9-tums panna, med vatten, olja och äggvita, och tillsätt rosa pastafärgad matfärg. Låt den svalna helt.
c) Klä en bakplåt med vaxat papper. Smula ner kakan i en stor skål. Tillsätt frosting och chokladchips, blanda väl. Forma blandningen till 32 avlånga bollar och lägg dem på plåten.
d) Frys in tills det stelnar och överför sedan till kylen.
e) Ta ut flera kakbollar åt gången ur kylen.
f) Doppa spetsen på en klubba ½ tum i det smälta vita godiset och sätt in det i en kakboll, inte mer än halvvägs. Doppa varje kakboll i det smälta godiset för att täcka, knacka bort eventuellt överskott.
g) Sätt in den motsatta änden av pinnen i skumblocket och låt det stå tills det stelnat. Doppa varje kakboll i det smälta gröna godiset för att täcka, ta bort eventuellt överskott.
h) Lägg tillbaka pinnarna i skumblocket och låt dem stå tills de stelnat.
i) Använd en tandpetare för att dekorera kakbollarna med ljusgrönt godis för att likna vattenmeloner. Låt dem stå tills de stelnat.

45.Choklad Hallon Cake Pops

INGREDIENSER:
FÖR CHOKLADTAKKA INNE:
- 4 dl mandelmjöl (ej mandelmjöl)
- ½ kopp osötat kakaopulver
- 1 tsk havssalt
- 1 tsk bakpulver
- 1 tsk rent steviaextraktpulver
- 1 ½ dl äppelmos
- 6 stora ägg
- 2 matskedar vaniljextrakt
- 1 kopp hallonfruktsäck, inget socker tillsatt (för efter att kakan är gräddad)

CHOKLAD CANDY COATING:
- 2 (4 ounces) osötade 100 % kakao chokladbakar
- Rent steviaextraktpulver, efter smak
- ½ msk vaniljextrakt

INSTRUKTIONER:
a) Värm ugnen till 350ºF och smörj en 13x9-tums kakform med kokosolja.
b) I en stor skål, vispa ihop mandelmjöl, kakaopulver, salt, bakpulver och stevia.
c) I en separat medelstor skål, vispa ihop äppelmos, ägg och vaniljextrakt.
d) Tillsätt de våta ingredienserna till de torra ingredienserna och blanda tills det är helt blandat.
e) Häll smeten i den förberedda kakformen.
f) Grädda i 30 till 35 minuter tills en tandpetare som sticks in i mitten av kakan kommer ut ren. Låt kakan svalna helt innan du går vidare till nästa steg.
g) Smula ner den avsvalnade kakan i en stor skål och blanda i hallonfruktspåslaget tills det är väl blandat.
h) Rulla blandningen till 1" bollar och lägg dem på en plåt täckt med bakplåtspapper.
i) Ställ in kakbollarna i frysen i minst 1 timme.
j) Smält chokladen på låg värme i en liten kastrull.

k) Tillsätt vaniljextrakt och stevia efter smak. Börja med en liten mängd stevia, smaka av och tillsätt sedan mer om det behövs.

l) När de har smält och blandat, sätt in lussebullar i kakbollarna och doppa dem i den smälta chokladen.

m) Sätt in cake pops i ett frigolitblock tills det svalnat.

Slutmontering:

n) När cake pops har svalnat helt och godisöverdraget har stelnat, lägg en godispåse över varje pop och knyt den med ett band.

o) Förvara dem i kylen tills de ska serveras. Njut av din Choklad Hallon Cake Pops!

46. Tranbär Orange Vanilj Cake Pops

INGREDIENSER:
CAKE POP:
- Nonstick matlagningsspray, för att spraya kakformarna
- 6 uns allsidigt mjöl, plus mer för att pudra av kakformarna
- 8 uns kakmjöl
- 1 tsk fint salt
- ¼ tesked bakpulver
- ¼ tesked bakpulver
- ¾ kopp tjock grädde
- ⅓ kopp gräddfil
- Skal av 1 apelsin
- 1 vaniljstång, delad och skrapad
- 3 koppar strösocker
- 2 pinnar (8 uns) osaltat smör, vid rumstemperatur
- 6 stora ägg

TRINBÄRSKOMPOT:
- 1 Granny Smith äpple
- En 8-ounce påse frysta tranbär
- 1 kopp strösocker
- 1 tsk mald kanel
- 1 apelsin, skalad och saftad

ORANGE SMÖKRÄM:
- 6 uns äggvita
- 1 pund strösocker
- 5 stickor (1 ¼ pund) osaltat smör, vid rumstemperatur
- ½ tsk apelsinskal
- Vit choklad, efter behov för överdragning
- Nötter, strössel eller chokladchips, valfritt, för topping

INSTRUKTIONER:
FÖR CAKE POP:
a) Värm ugnen till 350 grader F. Spraya två 10-tums runda kakformar med nonstick-spray, pudra med mjöl och klä bottnarna med bakplåtspapper.
b) Sikta ihop allsidigt mjöl, kakmjöl, salt, bakpulver och bakpulver i en medelstor skål och ställ åt sidan. Blanda den tunga grädden, gräddfilen, apelsinskalet och den skrapade vaniljstången i en annan skål och ställ åt sidan.
c) Blanda socker och smör på medelhastighet tills färgen ljusnar något, i cirka 3 minuter, i en stavmixerskål. Tillsätt äggen ett i taget och vispa tills blandningen är slät. Tillsätt en tredjedel av de torra ingredienserna och blanda på låg nivå tills det blandas, skrapa sedan bunken. Tillsätt hälften av de våta ingredienserna och blanda på låg tills det blandas.
d) Tillsätt ytterligare en tredjedel av de torra ingredienserna följt av de återstående våta ingredienserna, blanda på låg efter varje tillsats och skrapa skålen. Tillsätt de återstående torra ingredienserna och blanda tills det precis blandas.
e) Fördela smeten mellan de förberedda kakformarna och grädda tills en kakprovare som sätts in i mitten av kakorna kommer ut ren, 30 till 40 minuter. Låt svalna helt.

FÖR TRINBÄRSKOMPOTTEN:
f) Skär äpplet i små bitar. I en medelstor kastrull, tillsätt tranbär, socker, kanel, apelsinskal, juice och äpplen. Koka på medelvärme tills tranbären börjar öppna sig och blandningen tjocknar något. Överför till en medelstor skål och låt svalna.

FÖR ORANGE SMÖRKRÄMEN:
g) Lägg äggvitorna i skålen med en stavmixer med visptillbehör.
h) Blanda sockret och ½ kopp vatten i en medelstor kastrull, ställ över hög värme med en godistermometer och värm blandningen till 238 till 240 grader F.
i) Medan blandningen kokar, blanda äggvitorna på medelhastighet tills det bildas mjuka toppar. När det kokande sockret når 240 grader F, häll det långsamt i äggvitorna med mixern på låg. När allt hett socker

har tillsatts, öka mixerhastigheten till hög och vispa tills det är tjockt, glansigt och svalnat.

j) Sänk hastigheten och tillsätt smöret 1 till 2 matskedar åt gången, blanda tills smörkrämen tjocknar. Vispa i apelsinskalet.

SÅ HÄR MONTERAR DU POPSEN:

k) Smula de avsvalnade kakorna i små bitar. Blanda i tillräckligt med smörkräm för att hålla ihop cake pops. Tillsätt önskad mängd tranbärskompott; det borde vara några i varje tugga. Skopa upp bollar av cake pop-blandningen på en bakplåtspappersklädd plåt. Tryck in en cake pop sticka i varje boll och frys tills den är fast.

l) Smält den vita chokladen försiktigt över en dubbelkokare. Doppa de frysta cake pops i den vita chokladen och lägg på bakplåten för att stelna.

m) Om du lägger till pålägg, direkt efter att du doppat cake pops i chokladen, doppa dem i önskat pålägg som nötter, strössel eller chokladchips.

n) Njut av dina Cranberry Orange Vanilla Cake Pops!

47.Tropisk frukt Cake Pops

INGREDIENSER:
- 1 ask ananas kakmix
- 1 kopp riven kokos
- 1 kopp hackad mango
- 1 kopp hackad ananas
- Lollipop pinnar
- Vit choklad smälter
- Diverse tropiska fruktskivor (valfritt)
- Ätliga blommor (valfritt)

INSTRUKTIONER:
a) Förbered ananas kakmixen enligt förpackningens anvisningar och låt den svalna helt.
b) Smula den avsvalnade kakan till fina smulor i en stor skål.
c) Tillsätt strimlad kokos, hackad mango och hackad ananas till kaksmulorna och blanda tills det är väl blandat.
d) Rulla tårtblandningen till små bollar och lägg dem på en bakplåtspappersklädd plåt.
e) Stick in en klubba i varje kakboll och frys i 15 minuter.
f) Smält den vita chokladen enligt anvisningarna på förpackningen.
g) Doppa varje cake pop i den smälta vita chokladen, låt överskottet droppa av.
h) Valfritt: Dekorera med diverse tropiska fruktskivor eller ätbara blommor för en tropisk touch.
i) Låt chokladen stelna innan servering.

48.Kiwi Strawberry Cake Pops

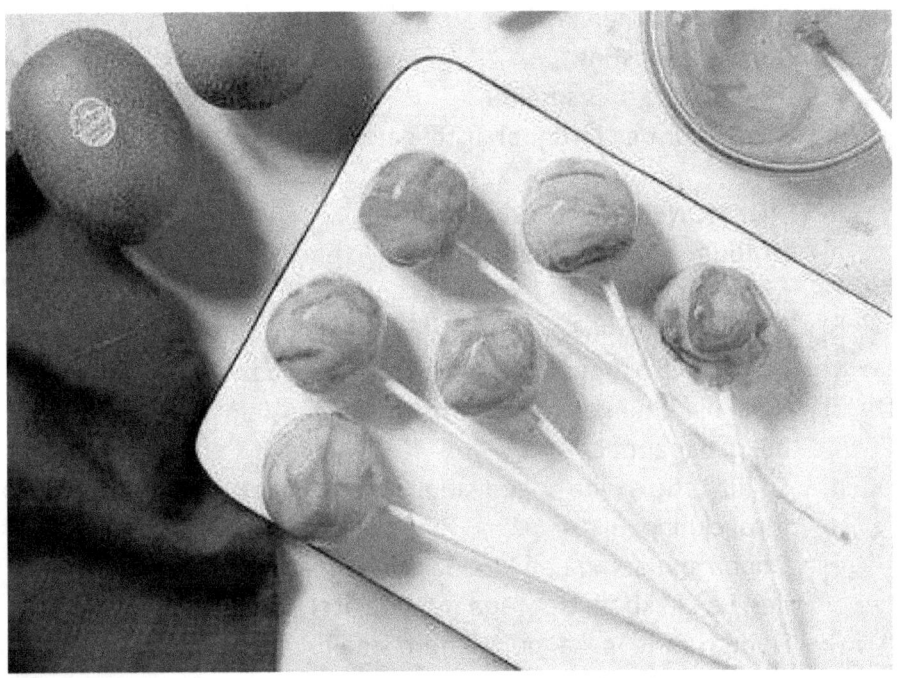

INGREDIENSER:

- 1 låda jordgubbstårtamix
- 1/2 kopp tärnad kiwi
- 1 dl vaniljfrosting
- 12 uns vitt godis smälter
- Kiwiskivor och jordgubbar till garnering

INSTRUKTIONER:

a) Grädda jordgubbstårtmixen enligt anvisningarna på förpackningen. Låt den svalna helt.
b) Smula ner kakan i en stor skål och blanda i den tärnade kiwifrukten och vaniljfrostingen tills den är väl blandad.
c) Rulla blandningen till små bollar och lägg dem på en plåt klädd med bakplåtspapper.
d) Smält de vita godismeltorna enligt anvisningarna på förpackningen.
e) Doppa spetsen på en klubba i den smälta godismeltan och sätt in den i en kakboll. Upprepa med de återstående kakbollarna.
f) Doppa varje cake pop i den smälta godissmältan, tappa bort eventuellt överskott.
g) Garnera med en skiva kiwi eller jordgubb på toppen.
h) Låt cake popsna stelna på bakplåtspappret tills godisöverdraget stelnar.

49. Banana Split Cake Pops

INGREDIENSER:
- 1 låda banankakamix
- 1/2 kopp tärnad ananas
- 1/2 kopp hackade jordgubbar
- 1/4 kopp hackade nötter (valfritt)
- 1 dl chokladfrosting
- 12 uns mjölkchoklad godis smälter
- Maraschino körsbär till garnering

INSTRUKTIONER:

a) Förbered banankakamixen enligt anvisningarna på förpackningen. Låt den svalna helt.
b) Smula ner kakan i en stor skål och blanda i tärnad ananas, hackade jordgubbar, hackade nötter (om du använder) och chokladfrosting tills det är väl blandat.
c) Rulla blandningen till små bollar och lägg dem på en plåt klädd med bakplåtspapper.
d) Smält mjölkchokladgodisen enligt anvisningarna på förpackningen.
e) Doppa spetsen på en klubba i den smälta chokladen och sätt in den i en kakboll. Upprepa med de återstående kakbollarna.
f) Doppa varje cake pop i den smälta chokladen, knacka bort eventuellt överskott.
g) Lägg ett maraschino-körsbär ovanpå varje cake pop.
h) Låt cake popsna stelna på bakplåtspappret tills chokladöverdraget stelnar.

50.Blandade Berry Cake Pops

INGREDIENSER:
- 1 låda vaniljkakemix
- 1/2 kopp blandade bär (som hallon, blåbär och björnbär), hackade
- 1 kopp cream cheese frosting
- 12 uns vitt godis smälter
- Blandade bärskivor till garnering

INSTRUKTIONER:
a) Grädda vaniljkakemixen enligt anvisningarna på förpackningen. Låt den svalna helt.
b) Smula ner kakan i en stor skål och blanda i de hackade blandade bären och cream cheese frostingen tills den är väl blandad.
c) Rulla blandningen till små bollar och lägg dem på en plåt klädd med bakplåtspapper.
d) Smält de vita godismeltorna enligt anvisningarna på förpackningen.
e) Doppa spetsen på en klubba i den smälta godismeltan och sätt in den i en kakboll. Upprepa med de återstående kakbollarna.
f) Doppa varje cake pop i den smälta godissmältan, tappa bort eventuellt överskott.
g) Garnera med skivor av blandade bär på toppen.
h) Låt cake popsna stelna på bakplåtspappret tills godisöverdraget stelnar.

51. Ananas upp och ner Cake Pops

INGREDIENSER:

- 1 ask gul kakmix
- 1 kopp tärnad ananas, avrunnen
- 1/2 kopp maraschino körsbär, hackade
- 1 dl vaniljfrosting
- 12 uns gult godis smälter
- Maraschino körsbär till garnering

INSTRUKTIONER:

a) Förbered den gula kakmixen enligt anvisningarna på förpackningen. Låt den svalna helt.
b) Smula ner kakan i en stor skål och blanda i tärnad ananas, hackade maraschinokörsbär och vaniljfrosting tills det är väl blandat.
c) Rulla blandningen till små bollar och lägg dem på en plåt klädd med bakplåtspapper.
d) Smält de gula godismeltorna enligt anvisningarna på förpackningen.
e) Doppa spetsen på en klubba i den smälta godismeltan och sätt in den i en kakboll. Upprepa med de återstående kakbollarna.
f) Doppa varje cake pop i den smälta godissmältan, tappa bort eventuellt överskott.
g) Lägg ett maraschino-körsbär ovanpå varje cake pop.
h) Låt cake popsna stelna på bakplåtspappret tills godisöverdraget stelnar.

52. Coconut Lime Cake Pops

INGREDIENSER:
- 1 låda vit kakmix
- Skal av 2 limefrukter
- 1 dl riven kokos
- 1 kopp cream cheese frosting
- 12 uns vitt godis smälter
- Limeskivor till garnering

INSTRUKTIONER:
a) Förbered den vita kakmixen enligt anvisningarna på förpackningen. Låt den svalna helt.
b) Smula ner kakan i en stor skål och blanda i limeskal, riven kokos och cream cheese frosting tills den är väl blandad.
c) Rulla blandningen till små bollar och lägg dem på en plåt klädd med bakplåtspapper.
d) Smält de vita godismeltorna enligt anvisningarna på förpackningen.
e) Doppa spetsen på en klubba i den smälta godismeltan och sätt in den i en kakboll. Upprepa med de återstående kakbollarna.
f) Doppa varje cake pop i den smälta godissmältan, tappa bort eventuellt överskott.
g) Garnera med en limeskiva ovanpå.
h) Låt cake popsna stelna på bakplåtspappret tills godisöverdraget stelnar.

53. Hallonchoklad Cake Pops

INGREDIENSER:
- 1 ask chokladkakamix
- 1 kopp hallonkonserver
- 1 dl chokladfrosting
- 12 uns mörk chokladgodis smälter
- Färska hallon till garnering

INSTRUKTIONER:
a) Grädda chokladkakamixen enligt anvisningarna på förpackningen. Låt den svalna helt.
b) Smula ner kakan i en stor skål och blanda i hallonkonserver och chokladfrosting tills den är väl blandad.
c) Rulla blandningen till små bollar och lägg dem på en plåt klädd med bakplåtspapper.
d) Smält den mörka chokladgodisen enligt anvisningarna på förpackningen.
e) Doppa spetsen på en klubba i den smälta chokladen och sätt in den i en kakboll. Upprepa med de återstående kakbollarna.
f) Doppa varje cake pop i den smälta chokladen, knacka bort eventuellt överskott.
g) Lägg ett färskt hallon ovanpå varje cake pop.
h) Låt cake popsna stelna på bakplåtspappret tills chokladöverdraget stelnar.

54. Apple Cinnamon Cake Pops

INGREDIENSER:
- 1 ask kryddkakemix
- 1 kopp finhackade äpplen
- 1 tsk mald kanel
- 1 kopp cream cheese frosting
- 12 uns karamellsmakande godis smälter
- Kanelstänger till garnering

INSTRUKTIONER:
a) Förbered kryddkakemixen enligt anvisningarna på förpackningen. Låt den svalna helt.
b) Smula ner kakan i en stor skål och blanda i hackade äpplen, mald kanel och färskostfrosting tills det är väl blandat.
c) Rulla blandningen till små bollar och lägg dem på en plåt klädd med bakplåtspapper.
d) Smält den karamellsmakande godismeltan enligt anvisningarna på förpackningen.
e) Doppa spetsen på en klubba i den smälta godismeltan och sätt in den i en kakboll. Upprepa med de återstående kakbollarna.
f) Doppa varje cake pop i den smälta godissmältan, tappa bort eventuellt överskott.
g) Garnera med en liten kanelstång ovanpå.
h) Låt cake popsna stelna på bakplåtspappret tills godisöverdraget stelnar.

BLOMMA TAKPOPPS

55. Jasmine Cake Pops

INGREDIENSER:
- 1 låda vit kakmix
- 2 msk torkade jasminblommor, finmalda
- 1 dl vaniljfrosting
- 12 uns vitt godis smälter
- Ätbara jasminblommor till garnering

INSTRUKTIONER:
a) Förbered den vita kakmixen enligt förpackningens instruktioner, tillsätt de finmalda torkade jasminblommorna i smeten. Låt den svalna helt.
b) Smula ner kakan i en stor skål och blanda i vaniljfrosting tills den är väl blandad.
c) Rulla blandningen till små bollar och lägg dem på en plåt klädd med bakplåtspapper.
d) Smält de vita godismeltorna enligt anvisningarna på förpackningen.
e) Doppa spetsen på en klubba i den smälta godismeltan och sätt in den i en kakboll. Upprepa med de återstående kakbollarna.
f) Doppa varje cake pop i den smälta godissmältan, tappa bort eventuellt överskott.
g) Garnera med ätbara jasminblommor på toppen.
h) Låt cake popsna stelna på bakplåtspappret tills godisöverdraget stelnar.

56.Hibiscus Cake Pops

INGREDIENSER:
- 1 låda jordgubbstårtamix
- 1/4 kopp torkade hibiskusblommor, finmalda
- 1 kopp cream cheese frosting
- 12 uns rosa godis smälter
- Ätbara hibiskusblad för garnering

INSTRUKTIONER:
a) Förbered jordgubbstårtmixen enligt anvisningarna på förpackningen. Låt den svalna helt.
b) Smula ner kakan i en stor skål och blanda i de finmalda torkade hibiskusblommorna och cream cheese frostingen tills den är väl blandad.
c) Rulla blandningen till små bollar och lägg dem på en plåt klädd med bakplåtspapper.
d) Smält de rosa godismeltorna enligt anvisningarna på förpackningen.
e) Doppa spetsen på en klubba i den smälta godismeltan och sätt in den i en kakboll. Upprepa med de återstående kakbollarna.
f) Doppa varje cake pop i den smälta godissmältan, tappa bort eventuellt överskott.
g) Garnera med ätbara hibiskusblad ovanpå.
h) Låt cake popsna stelna på bakplåtspappret tills godisöverdraget stelnar.

57. Kamomill Lemon Cake Pops

INGREDIENSER:

- 1 låda citronkakamix
- 2 msk torkade kamomillblommor
- Skal av 1 citron
- 1 dl citronfrosting
- 12 uns gult godis smälter
- Ätliga kamomillblommor till garnering

INSTRUKTIONER:

a) Förbered citronkakamixen enligt anvisningarna på förpackningen, tillsätt de torkade kamomillblommorna och citronskalet i smeten. Låt den svalna helt.
b) Smula ner kakan i en stor skål och blanda i citronfrostingen tills den är väl blandad.
c) Rulla blandningen till små bollar och lägg dem på en plåt klädd med bakplåtspapper.
d) Smält de gula godismeltorna enligt anvisningarna på förpackningen.
e) Doppa spetsen på en klubba i den smälta godismeltan och sätt in den i en kakboll. Upprepa med de återstående kakbollarna.
f) Doppa varje cake pop i den smälta godissmältan, tappa bort eventuellt överskott.
g) Garnera med ätbara kamomillblommor på toppen.
h) Låt cake popsna stelna på bakplåtspappret tills godisöverdraget stelnar.

58. Violet Cake Pops

INGREDIENSER:

- 1 låda vaniljkakemix
- 2 msk torkade violetta blommor, finmalda
- 1 dl vaniljfrosting
- 12 uns lila godis smälter
- Ätbara violetta blommor till garnering

INSTRUKTIONER:

a) Förbered vaniljkakeblandningen enligt förpackningens instruktioner, tillsätt de finmalda torkade violblommorna i smeten. Låt den svalna helt.
b) Smula ner kakan i en stor skål och blanda i vaniljfrosting tills den är väl blandad.
c) Rulla blandningen till små bollar och lägg dem på en plåt klädd med bakplåtspapper.
d) Smält de lila godismeltorna enligt anvisningarna på förpackningen.
e) Doppa spetsen på en klubba i den smälta godismeltan och sätt in den i en kakboll. Upprepa med de återstående kakbollarna.
f) Doppa varje cake pop i den smälta godissmältan, tappa bort eventuellt överskott.
g) Garnera med ätbara violetta blommor på toppen.
h) Låt cake popsna stelna på bakplåtspappret tills godisöverdraget stelnar.

59.Rose Cake Pops

INGREDIENSER:

- 1 låda vaniljkakemix
- 1 tsk rosenvatten
- Rosa matfärg (valfritt)
- 1 dl vaniljfrosting
- 12 uns rosa godis smälter
- Ätbara rosenblad för garnering

INSTRUKTIONER:

a) Förbered vaniljkakemixen enligt förpackningens instruktioner, tillsätt rosenvattnet i smeten. Tillsätt eventuellt några droppar rosa matfärg för en mer levande färg. Låt den svalna helt.
b) Smula ner kakan i en stor skål och blanda i vaniljfrosting tills den är väl blandad.
c) Rulla blandningen till små bollar och lägg dem på en plåt klädd med bakplåtspapper.
d) Smält de rosa godismeltorna enligt anvisningarna på förpackningen.
e) Doppa spetsen på en klubba i den smälta godismeltan och sätt in den i en kakboll. Upprepa med de återstående kakbollarna.
f) Doppa varje cake pop i den smälta godissmältan, tappa bort eventuellt överskott.
g) Garnera med ätbara rosenblad ovanpå.
h) Låt cake popsna stelna på bakplåtspappret tills godisöverdraget stelnar.

60.Lavendel honung Cake Pops

INGREDIENSER:
- 1 låda gul kakmix
- 2 matskedar torkad kulinarisk lavendel
- 1/4 kopp honung
- 1 dl vaniljfrosting
- 12 uns lavendelfärgat godis smälter
- Ätbara blommor till garnering

INSTRUKTIONER:
a) Grädda den gula kakmixen enligt anvisningarna på förpackningen, tillsätt den torkade lavendeln i smeten före gräddning. Låt den svalna helt.
b) Smula ner kakan i en stor skål och blanda i honung och vaniljfrosting tills den är väl blandad.
c) Rulla blandningen till små bollar och lägg dem på en plåt klädd med bakplåtspapper.
d) Smält de lavendelfärgade godismeltorna enligt anvisningarna på förpackningen.
e) Doppa spetsen på en klubba i den smälta godismeltan och sätt in den i en kakboll. Upprepa med de återstående kakbollarna.
f) Doppa varje cake pop i den smälta godissmältan, tappa bort eventuellt överskott.
g) Garnera med ätbara blommor på toppen.
h) Låt cake popsna stelna på bakplåtspappret tills godisöverdraget stelnar.

FLÅNGSCAKE POPS

61. Froot Loops Cake Pops

INGREDIENSER:

- 1 låda (15,25 uns) jordgubbs- eller gul kakmix
- ¾ kopp konserverad cream cheese frosting
- 1 pund konditorgodisbeläggning (cirka 3 koppar), valfri färg
- 4 koppar Froot Loops flingor

INSTRUKTIONER:

a) Förbered kakmixen enligt instruktionerna på förpackningen och grädda den i en 13 x 9 x 2-tums långpanna. Låt den svalna helt.

b) Smula den avsvalnade kakan till fina smulor i en stor mixerskål. Häll frostingen över smulorna och vispa på låg hastighet med en elektrisk mixer tills det är väl blandat.

c) Klä två bakplåtar med vaxpapper. Forma kakblandningen till 1 ½-tums bollar på ändarna av cake pop sticks med händerna. Lägg dem på en av de förberedda bakplåtarna och täck dem löst med vaxpapper. Frys i 30 minuter.

d) Smält under tiden konditorns beläggning enligt anvisningarna på förpackningen. Ta ut några cake pops ur frysen medan du behåller resten fryst. Doppa dem försiktigt i beläggningen, låt eventuellt överskott droppa av. Tryck på FROOT LOOPS flingor på beläggningen.

e) Lägg dem på den andra förberedda plåten eller i ett cake pop-ställ. Kyl i 10 minuter eller tills beläggningen stelnat.

62. Fruktig Pebble Cake Pops

INGREDIENSER:
- 1 paket (15,25 ounces) vanilj eller gul kakmix
- ¾ kopp konserverad cream cheese frosting
- 1 pund av valfri färg konditorgodisbeläggning (cirka 3 koppar)
- 4 koppar fruktiga Pebbles flingor

INSTRUKTIONER:

a) Förbered tårtblandningen enligt förpackningens instruktioner och grädda den i en 13 x 9 x 2-tums långpanna. Låt den svalna helt.

b) Smula den avsvalnade kakan till fina smulor i en stor mixerskål. Tillsätt cream cheese frostingen och blanda tills det är väl blandat.

c) Klä två bakplåtar med vaxpapper. Forma kakblandningen till 1 ½-tums bollar och lägg dem på de förberedda bakplåtarna. Täck dem löst med vaxpapper och frys i 30 minuter.

d) Smält under tiden konditorns godisöverdrag enligt anvisningarna på förpackningen. Ta ut några cake pops från frysen, håll resten fryst. Doppa varje cake pop i den smälta beläggningen, låt eventuellt överskott droppa av.

e) Rulla de belagda cake popsna i Fruity Pebbles-flingorna tills de är helt täckta. Lägg tillbaka dem på bakplåten eller i ett cake pop-ställ. Kyl i 10 minuter eller tills beläggningen stelnat. Njut av dina Fruity Pebble cake pops!

63.Trix Ceral Cake Pops

INGREDIENSER:
- 1 låda Betty Crocker Super Moist Yellow Cake Mix eller Betty Crocker Super Moist White Cake Mix
- Vatten, vegetabilisk olja och ägg eller äggvita enligt instruktionerna för kakmix
- 1 balja (16 ounces) Betty Crocker Rich & Creamy Vanilla Frosting
- 4 koppar Trix flingor
- 36 uns godisbeläggning med vaniljsmak (mandelbark)
- 48 pappersklubbor

INSTRUKTIONER:
a) Värm ugnen till 350°F (325°F för mörk eller nonstick-panna). Förbered och grädda kakan enligt instruktionerna på lådan för en 13x9-tums form. Låt den svalna helt, ca 1 timme.

b) Smula sönder kakan i en stor skål och blanda i frostingen tills den är ordentligt blandad. Ställ i kylen i cirka 2 timmar eller tills den är tillräckligt fast för att forma.

c) Rulla kakblandningen till 48 bollar, var och en cirka 1 ½ tum i storlek, och lägg dem på en plåt. Frys i 1 till 2 timmar eller tills den är fast. Krossa under tiden flingorna grovt. Klä ett annat kakark med vaxat papper.

d) I en mikrovågssäker 1-quart skål, mikrovågsugn 12 uns av godisbeläggningen avslöjad på hög i 1 minut och 30 sekunder; Vispa. Fortsätt mikrovågsugn och omrörning i 15 sekunders intervall tills det smält; rör om tills det är slätt. Ta ut en tredjedel av bollarna från frysen. Använd 2 gafflar, doppa och rulla varje boll i beläggningen.

e) Placera dem på den vaxade papperklädda plåten. Strö genast över den krossade spannmålen. Smält den återstående godisbeläggningen i 12-ounce partier; doppa de återstående bollarna och strö över flingor. Ställ dem i kylen.

f) För att servera, stick försiktigt in pinnar i kakbollarna. Förvara eventuella överblivna kakbollar i en lufttät behållare i kylen.

64. Cheerios Banana Cake Pops

INGREDIENSER:
- 1 låda Betty Crocker Super Moist Yellow Cake Mix
- 1 kopp mosade mycket mogna bananer (2 medelstora bananer)
- ½ kopp vegetabilisk olja
- ¼ kopp vatten
- 3 ägg
- 2 ½ påsar (14 uns vardera) med gult godis smälter
- 60 pappersklubbor
- 3 ½ koppar Choklad Cheerios flingor
- 3 ½ koppar jordnötssmör Cheerios flingor

INSTRUKTIONER:
a) Värm ugnen till 325°F (163°C). Spraya en nonstick cake pop bakpanna med bakspray som innehåller mjöl.
b) I en stor skål, vispa ihop kakmixen, mosade bananer, vegetabilisk olja, vatten och ägg med en elektrisk mixer på låg hastighet i 30 sekunder. Vispa sedan på medelhastighet i 2 minuter, skrapa skålen då och då tills blandningen är slät.
c) I den nedre halvan av formen (utan hål), fyll varje brunn med 1 jämn mätsked kaksmet. Placera den övre halvan av pannan ovanpå och fäst med nycklar. (Täck den återstående kaksmeten med plastfolie och ställ i kylen.)
d) Grädda i 18 till 22 minuter eller tills en tandpetare i mitten kommer ut ren. Låt kakbollarna svalna i 5 minuter i formen, ta sedan bort dem och svalna helt på galler.
e) Upprepa med den återstående kaksmeten, rengör och spraya formen innan du fyller den med smet igen.
f) Mikrovågsugn 1 påse godis i en mikrovågsugn utan täckning på Medium (50 %) effekt i 1 minut, sedan i 15-sekunders intervall tills den smält; rör om tills det är slätt.
g) Innan du doppar kakbollarna, putsa kanterna på de bakade kakbollarna.
h) Doppa spetsen på varje klubba ca ½ tum i det smälta godiset och sätt in det i en cake pop, doppa sedan cake pop i det smälta godiset för att täcka det.
i) Knacka av eventuellt överskott. (Värm upp godiset i mikrovågsugnen om det blir för tjockt för att täcka.) Lägg omedelbart flingor på de belagda cake pops för att dekorera dem. Sätt in cake pops i plastskummet så att godiset stelnar.
j) Upprepa med de återstående cake pops och candy melts.

65. Cinnamon Toast Crunch Cake Pops

INGREDIENSER:
- 1 ask gul kakmix
- Vatten, vegetabilisk olja och ägg efter behov av kakmixen
- ½ kopp Cinnamon Toast Crunch flingor, krossad
- ¾ kopp cream cheese frosting
- 1 paket (16 uns) vaniljgodisbeläggning
- 48 pappersklubbor
- Ytterligare Cinnamon Toast Crunch flingor för dekoration (valfritt)

INSTRUKTIONER:
a) Förbered den gula kakmixen enligt instruktionerna på lådan, använd det nödvändiga vattnet, vegetabilisk olja och ägg. Låt kakan svalna helt när den är gräddad.
b) Smula den avsvalnade kakan till fina smulor i en stor mixerskål.
c) Tillsätt de krossade Cinnamon Toast Crunch-flingorna och cream cheese frostingen till kaksmulorna. Blanda tills det är väl blandat och blandningen håller ihop.
d) Forma kakblandningen till 1 ½-tums bollar och lägg dem på en plåt klädd med bakplåtspapper.
e) Stick in en klubba i varje kakboll.
f) Smält vaniljgodisöverdraget enligt anvisningarna på förpackningen.
g) Doppa varje cake pop i den smälta godisbeläggningen och se till att den är jämnt belagd. Låt eventuell överflödig beläggning droppa av.
h) Om så önskas, strö över ytterligare krossade Cinnamon Toast Crunch-flingor ovanpå de belagda cake pops för dekoration.
i) Placera cake pops upprätt på den bakplåtspapperesklädda plåten eller sätt in pinnarna i ett block av skum för att beläggningen ska stelna.
j) När beläggningen har stelnat är dina Cinnamon Toast Crunch cake pops redo att serveras. Njut av!

66.Lucky Charms Chokladflingor Pops

INGREDIENSER:

- 6 koppar Lucky Charms flingor
- ¼ kopp smör (½ pinne)
- ¾ kopp vita chokladchips
- 1 10 uns påse med mini marshmallows
- 1 tsk vaniljextrakt
- Ytterligare vit choklad för doppning

INSTRUKTIONER:

a) Häll sex koppar Lucky Charms flingor i en stor blandningsskål.
b) Smält smöret i en kastrull på medelvärme.
c) Tillsätt de vita chokladbitarna i det smälta smöret och fortsätt att smälta.
d) När chokladbitarna har smält, tillsätt minimarshmallows och rör om tills de är helt smälta. Blanda i vaniljextraktet.
e) Häll den smälta marshmallowblandningen över Lucky Charms-flingorna och blanda väl. Använd först en sked och rengör sedan händerna för att säkerställa noggrann blandning.
f) Sprid ut blandningen i en 13x9-tums glaspanna sprayad med matlagningsspray. Låt den sätta sig och skär den sedan i rutor.
g) Rulla flingblandningen till bollar som är något större än cake pop-storleken. Stick in en popsicle-pinne i varje boll genom att tillsätta lite smält choklad i ena änden av pinnen och föra in den i flingpop.
h) Låt det stelna och doppa sedan toppen av flingorna i smält vit choklad. Sätt in den andra änden av popsicle-pinnen i skummet så att det stelnar.
i) Rulla flingblandningen till bollar.
j) Doppa motsatta ändar av flingorna i smält vit choklad.
k) Lägg dem i muffinsförpackningar med en av de vita chokladdoppade ändarna nedåt. Chokladen hjälper till att hålla flingorna på plats.

67.Choklad mandel spannmål Cake Pops

INGREDIENSER:
- 1 paket Bob's Red Mill Grain Free Chocolate Cake Mix
- 1 burk chokladfrosting
- 2 koppar Kind Dark Chocolate Mandel Cereal
- 2 koppar smält halvsöt choklad
- Godispinnar

INSTRUKTIONER:

a) Förbered Bob's Red Mill Grain-Free Chokladkaka enligt anvisningarna på förpackningen. När kakan har svalnat, smula sönder kakan och blanda i chokladfrostingen tills den är väl blandad. Rulla blandningen till bollar.

b) Doppa spetsen på varje godisstav i smält choklad och sätt sedan in den i varje kakboll. Kyl kakbollarna i kylen tills de stelnat, cirka en timme.

c) I en matberedare, tillsätt Kind Dark Chocolate Mandel Cereal och pulsera tills den är grovmalen. Avsätta.

d) Doppa varje kakboll i den återstående smälta chokladen och se till att den är jämnt belagd. Belägg sedan de chokladtäckta kakbollarna med den malda flingorna.

e) Lägg de färdiga cake popsna på en skumbräda för att stelna.

f) Servera och njut av dina läckra cake pops med flingor!

68. Nougat Pops

INGREDIENSER:
- 16 ounce/452 gram marshmallowfluff
- 1 kopp rice crispies
- ¾ kopp Gefen jordnötssmör
- Smält choklad efter eget val, för doppning
- Kokoscrunch eller jordnötscrunch, för garnering (som Baker's Choice)

INSTRUKTIONER:
a) Blanda alla ingredienser i en skål, arbeta blandningen för hand eller med en metallsked tills den är väl blandad och inte klibbig. Blandningen blir elastisk.
b) Forma bollar för hand och lägg dem på en plåt klädd med Gefen bakplåtspapper.
c) Frys i cirka 20 minuter eller tills du är redo att doppa. Du kanske vill rulla om bollarna medan de är kalla, eftersom de tenderar att pöla ner.
d) Doppa omedelbart varje boll i den smälta chokladen du väljer och garnera sedan med kokoscrunch eller jordnötscrunch. Frys in igen tills du ska ätas.
e) Dessa kan förvaras som bollar eller göras till pops. För pops, sätt in pinnar efter att ha tagit ut dem från frysen.
f) Njut av dina läckra Nougat Pops!

KARAMELL TAKKOPPS

69. Dulce de Leche tårtbollar

INGREDIENSER:
- 1 recept Gul kärnmjölkskaka, bakad, kyld och smulad
- 1 (13,4-ounce till 14-ounce) kan dulce de leche
- 1 ¾ pund mjölkchoklad, finhackad
- 5 uns karamell, som Nestlé
- 56 räfflade pappersmuggar i miniatyr (valfritt)

INSTRUKTIONER:

a) Kombinera den smulade kakan med ¾ kopp dulce de leche. Justera mängden dulce de leche efter behov för smak och fukt. Rulla blandningen till tårtbollar i storleken golfbollar. Kyl tills den stelnar. Detta kan göras 1 dag framåt; förvara de fasta bollarna i en lufttät behållare.

b) Klä två kantade bakplåtar med bakplåtspapper eller aluminiumfolie. Smält mjölkchokladen i mikrovågsugn eller i en dubbelkokare.

c) Doppa varje kakboll en i taget i den smälta chokladen, låt överflödig choklad droppa tillbaka i behållaren. Placera de belagda bollarna jämnt fördelade på de förberedda kastrullerna. Kyl en kort stund tills chokladen stelnat.

d) Mikrovågsugn karamellen tills den flyter, var försiktig så att den inte kokar. Använd en gaffel för att ringla kola sicksack ovanpå varje chokladöverdragen boll. Ställ i kyl igen tills karamellen stelnar. Putsa bottnarna på kakbollarna om det behövs. Lägg eventuellt varje kakboll i en räfflad miniatyrpappersmugg.

e) Lägg kakbollarna i ett enda lager i en lufttät behållare och ställ i kylen i upp till 4 dagar. Innan servering, låt dem få rumstemperatur.

70. Caramel Apple Donut Cake Pops

INGREDIENSER:

- 12 äppelfrikadeller eller glaserade äppelcidermunkar
- 2-4 msk äppelsmör
- 1 tsk vaniljstångspasta
- 10 uns Werther's Original sega karameller
- 3 matskedar kraftig vispgrädde
- Hackade jordnötter
- Cake pop eller klubbor (valfritt)
- Mini cupcake liners (valfritt)

INSTRUKTIONER:

a) Klä en plåt med bakplåtspapper och smörj den lätt.

b) Skär äppelfrittorna eller de glaserade munkarna i lagom stora bitar. Använd en mixer för att smula sönder bitarna helt innan du tillsätter några våta ingredienser.

c) När bitarna är smulade, tillsätt vaniljstångspasta och blanda gradvis med äppelsmör, en matsked i taget, tills blandningen når en fuktig konsistens som liknar kakdeg, men inte lika sliskig som kaksmet.

d) Degen ska formas till en stor boll och hålla formen när den rullas, utan att smulas sönder.

e) Använd en 1-ounce cookie scoop för att portionera och rulla degen till bollar.

f) Kombinera en näve karameller med en tredjedel av den tunga vispgrädden i en skål som kan användas i mikrovågsugn. Värm i mikrovågsugnen i 10-sekunders steg, rör om efter varje varv, i totalt 30 sekunder för att förhindra brännskador.

g) Doppa ändarna på cake pop-stavarna i den smälta kolan. Detta hjälper degbollarna att fästa på pinnarna.

h) Doppa den karamellbelagda änden av pinnen cirka en halv tum i de rullade degbollarna och lägg dem på den förberedda bakplåten.

i) Valfritt: Frys in cake pops med stickorna i 15-20 minuter för att göra dem lättare att doppa i kola.

j) Medan cake popsna stelnar, hacka jordnötterna och lägg dem i en skål. Förbered också cupcakesliners.

k) Värm den återstående kolan och den tunga vispgrädden i en kastrull på låg värme, rör hela tiden tills den är slät och smält.

l) Ös den varma smälta kolan med en stor sked och snurra cake pops i skeden istället för att doppa dem direkt.

m) Omedelbart efter att du har snurrat cake pops i den varma kolan, doppa dem i de hackade jordnötterna och lägg dem sedan i muffinsfodren.

n) Kyl cake pops i kylen för att behålla sin form och fräschör. Ta ut dem ur kylen minst 10 minuter före servering.

71.Saltade kolatårtabollar

INGREDIENSER:
FÖR Tårtbollarna:
- 1 låda kola kakmix
- ½ kopp osaltat smör, mjukat
- ½ kopp helmjölk
- 3 stora ägg

FÖR SALTA KARAMELLFYLLNING:
- 1 kopp köpt eller hemlagad kolasås
- ½ tesked havssalt

FÖR GODISBELAGNING:
- 12 uns karamellsmakande godis smälter
- 2 matskedar vegetabilisk olja eller matfett
- Grovt havssalt (till garnering, valfritt)

FÖR MONTERING AV TÅRKBULAR:
- Cake pop sticks eller klubbor

INSTRUKTIONER:
FÖR Tårtbollarna:
a) Värm ugnen till den temperatur som anges på kakmixboxen.
b) Smörj och mjöla en ugnsform eller klä den med bakplåtspapper.
c) I en blandningsskål, förbered kolakakamixen enligt anvisningarna på förpackningen, med osaltat smör, helmjölk och ägg.
d) Grädda kakan i den förvärmda ugnen tills en tandpetare som sticks in i mitten kommer ut ren.
e) Låt kakan svalna helt.

FÖR SALTA KARAMELLFYLLNING:
f) Blanda kolasåsen med havssalt i en separat skål tills den är väl blandad.

SÅ HÄR MONTERAR DU TÅRKBULAR:
g) Smula den avsvalnade kakan till fina smulor med händerna eller en matberedare.
h) Blanda i den saltade kolafyllningen i kaksmulorna tills den är väl blandad.
i) Rulla blandningen till små kakbollar, ungefär lika stora som en pingisboll, och lägg dem på en bakplåtspappersklädd plåt.
j) Kyl kakbollarna i kylen i cirka 30 minuter eller tills de är fasta.

FÖR GODISBELAGNING:
k) I en mikrovågssäker skål, smält karamellsmakssmältan eller karamellsmaksatt choklad med vegetabilisk olja eller matfett i korta intervaller, rör om tills det är slätt.

l) Att avsluta:

m) Doppa spetsen på en cake pop stick i den smälta godisbeläggningen och sätt in den i mitten av en kyld kakboll, ungefär halvvägs.

n) Doppa hela kakbollen i den smälta godisöverdraget och se till att den är helt täckt.

o) Eventuellt, strö varje kakboll med en nypa grovt havssalt för en extra smakbit.

p) Ställ kakbollarna upprätt i ett frigolitblock eller ett cake pop-ställ så att godisöverdraget stelnar helt.

72. Caramel Chocolate Cake Pops

INGREDIENSER:

- 1 ask chokladkakamix
- 1 dl kolasås
- 1 dl chokladfrosting
- 12 uns mjölkchoklad godis smälter
- Krossade karamellgodisar till garnering

INSTRUKTIONER:

a) Förbered chokladkakamixen enligt anvisningarna på förpackningen. Låt den svalna helt.
b) Smula ner kakan i en stor skål och blanda i kolasås och chokladfrosting tills den är väl blandad.
c) Rulla blandningen till små bollar och lägg dem på en plåt klädd med bakplåtspapper.
d) Smält mjölkchokladgodisen enligt anvisningarna på förpackningen.
e) Doppa spetsen på en klubba i den smälta chokladen och sätt in den i en kakboll. Upprepa med de återstående kakbollarna.
f) Doppa varje cake pop i den smälta chokladen, knacka bort eventuellt överskott.
g) Strö krossade karamellgodisar ovanpå varje cake pop för garnering.
h) Låt cake popsna stelna på bakplåtspappret tills chokladöverdraget stelnar.

73. Caramel Coconut Cake Pops

INGREDIENSER:
- 1 låda vaniljkakemix
- 1 dl kolasås
- 1 dl riven kokos
- 1 dl vaniljfrosting
- 12 uns vitt godis smälter
- Rostade kokosflingor till garnering

INSTRUKTIONER:
a) Förbered vaniljkakemixen enligt anvisningarna på förpackningen. Låt den svalna helt.
b) Smula ner kakan i en stor skål och blanda i kolasås, riven kokos och vaniljfrosting tills den är väl blandad.
c) Rulla blandningen till små bollar och lägg dem på en plåt klädd med bakplåtspapper.
d) Smält de vita godismeltorna enligt anvisningarna på förpackningen.
e) Doppa spetsen på en klubba i den smälta godismeltan och sätt in den i en kakboll. Upprepa med de återstående kakbollarna.
f) Doppa varje cake pop i den smälta godissmältan, tappa bort eventuellt överskott.
g) Rulla de doppade cake popsna i rostade kokosflingor till garnering.
h) Låt cake popsna stelna på bakplåtspappret tills godisöverdraget stelnar.

74. Caramel Pecan Cake Pops

INGREDIENSER:

- 1 ask gul kakmix
- 1 dl kolasås
- 1 dl hackade pekannötter
- 1 kopp cream cheese frosting
- 12 uns karamellsmakande godis smälter
- Hackade pekannötter till garnering

INSTRUKTIONER:

a) Förbered den gula kakmixen enligt anvisningarna på förpackningen. Låt den svalna helt.
b) Smula ner kakan i en stor skål och blanda i kolasås, hackade pekannötter och färskostfrosting tills den är väl blandad.
c) Rulla blandningen till små bollar och lägg dem på en plåt klädd med bakplåtspapper.
d) Smält den karamellsmakande godismeltan enligt anvisningarna på förpackningen.
e) Doppa spetsen på en klubba i den smälta godismeltan och sätt in den i en kakboll. Upprepa med de återstående kakbollarna.
f) Doppa varje cake pop i den smälta godissmältan, tappa bort eventuellt överskott.
g) Strö hackade pekannötter ovanpå varje cake pop för garnering.
h) Låt cake popsna stelna på bakplåtspappret tills godisöverdraget stelnar.

75. Caramel Banana Cake Pops

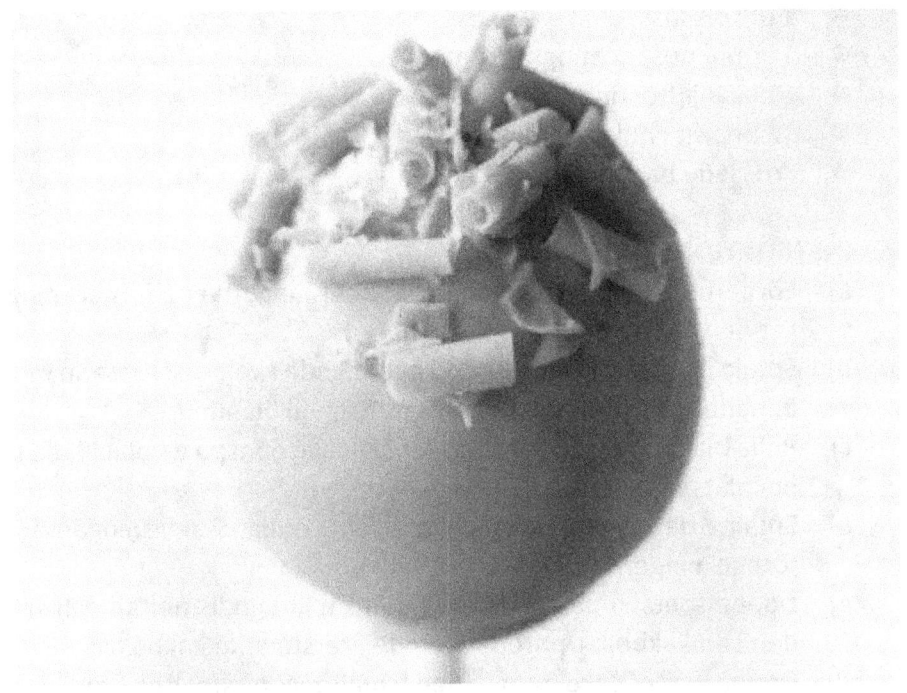

INGREDIENSER:
- 1 låda banankakamix
- 1 dl kolasås
- 1 kopp mosade mogna bananer
- 1 dl vaniljfrosting
- 12 uns vit chokladgodis smälter
- Krossade bananchips till garnering

INSTRUKTIONER:
a) Förbered banankakamixen enligt anvisningarna på förpackningen. Låt den svalna helt.
b) Smula ner kakan i en stor skål och blanda i kolasås, mosade mogna bananer och vaniljfrosting tills den är väl blandad.
c) Rulla blandningen till små bollar och lägg dem på en plåt klädd med bakplåtspapper.
d) Smält den vita chokladgodisen enligt anvisningarna på förpackningen.
e) Doppa spetsen på en klubba i den smälta godismeltan och sätt in den i en kakboll. Upprepa med de återstående kakbollarna.
f) Doppa varje cake pop i den smälta godissmältan, tappa bort eventuellt överskott.
g) Strö krossade bananchips ovanpå varje cake pop för garnering.
h) Låt cake popsna stelna på bakplåtspappret tills godisöverdraget stelnar.

COKIE CAKE POPS

76.Cookies och Cream Cake Pops

INGREDIENSER:
FÖR CAKE POPS:
- 1 ask chokladkakamix
- ½ kopp osaltat smör, mjukat
- ½ kopp helmjölk
- 3 stora ägg
- 1 kopp krossade smörgåskakor med choklad (som Oreo)

FÖR DEN VITA CHOKLADOVERDRAGINGEN:
- 12 uns av vitt godis smälter eller vita chokladchips
- 2 matskedar vegetabilisk olja eller matfett

FÖR MONTERING AV CAKE POPS:
- Cake pop sticks eller klubbor

INSTRUKTIONER:
FÖR CAKE POPS:
a) Värm ugnen till den temperatur som anges på kakmixboxen.
b) Smörj och mjöla en ugnsform eller klä den med bakplåtspapper.
c) I en mixerskål, förbered chokladkakablandningen enligt anvisningarna på förpackningen, med osaltat smör, helmjölk och ägg.
d) Vik ner smörgåskakorna med krossad choklad i kaksmeten tills de är väl blandade.
e) Grädda kakan i den förvärmda ugnen tills en tandpetare som sticks in i mitten kommer ut ren.
f) Låt kakan svalna helt.

SÅ HÄR MONTERAR DU CAKE POPS:
g) Smula den avsvalnade kakan till fina smulor med händerna eller en matberedare.
h) Rulla blandningen till små kakbollar, ungefär lika stora som en pingisboll, och lägg dem på en bakplåtspappersklädd plåt.
i) Kyl kakbollarna i kylen i cirka 30 minuter eller tills de är fasta.

FÖR DEN VITA CHOKLADBESKÄRINGEN:
j) I en mikrovågssäker skål, smält den vita godismelten eller vita chokladchips med vegetabilisk olja eller matfett i korta intervaller, rör om tills den är slät.

ATT AVSLUTA:

k) Doppa spetsen på en cake pop sticka i den smälta vita chokladen och sätt in den i mitten av en kyld kakboll, ungefär halvvägs.
l) Doppa hela cake pop i den smälta vita chokladen och se till att den är helt täckt.
m) Eventuellt kan du dekorera cake pops med ytterligare krossade chokladsmörgåskakor på toppen medan beläggningen fortfarande är våt.
n) Ställ cake pops upprätt i ett frigolitblock eller ett cake pop-ställ så att den vita chokladöverdraget stelnar helt.

77. Biscoff Cake Pops

INGREDIENSER:
- 2 koppar smulade Biscoff-kakor
- ½ kopp färskost, uppmjukad
- 12 uns vit choklad, smält
- Lollipop pinnar
- Strössel eller krossade Biscoff-kakor (för dekoration)

INSTRUKTIONER:

a) Blanda de smulade Biscoff-kakorna och mjukgrädde osten i en skål tills de är väl kombinerade.

b) Rulla blandningen till små bollar, ca 1 tum i diameter, och lägg dem på en bakplåtspappersklädd plåt.

c) Stick in en klubba i varje kakboll och frys dem i cirka 30 minuter för att stelna.

d) Doppa varje cake pop i den smälta vita chokladen, låt eventuellt överskott droppa av.

e) Dekorera genast cake pops med strössel eller krossade Biscoff-kakor innan chokladen stelnar.

f) Placera cake pops upprätt i ett skumblock eller frigolit så att de torkar och stelnar helt.

g) När chokladen har stelnat är de redo att serveras.

78. Frostade Animal Cookie Cake Pops

INGREDIENSER:

- 2 påsar (9 uns vardera) Frosted Circus Cookies
- 1 block färskost
- 1 påse (12 uns) vit smältchoklad
- 1 påse (12 ounces) Pink Melting Chocolate
- Regnbågsströssel
- Cake Pop Sticks

INSTRUKTIONER:

a) Börja med att reservera cirka 8 djurkakor och bearbeta de återstående kakorna i en matberedare tills de är finmalda.

b) Kombinera de bearbetade kakorna och färskosten i en stor blandningsskål, säkerställ noggrann blandning.

c) Rulla blandningen till 1-tums bollar och lägg dem på bakplåtspapper.

d) Ställ i kylen i cirka en timme.

e) Smält den vita och rosa chokladen i separata skålar, med 45 sekunders intervaller i mikrovågsugnen och rör om efter varje tills det är slätt.

f) Ta fram de kylda cake pop-bollarna. Doppa änden av varje cake pop sticka i den smälta vita chokladen och sätt in den försiktigt halvvägs i cake popen, håll den i handflatan efter behov.

g) Sätt tillbaka cake popsarna i kylen en kort stund i 5-10 minuter för att stelna.

h) Ta ut från kylen och doppa omedelbart hälften av varje cake pop i den vita chokladen och den andra hälften i den rosa chokladen.

i) Skaka av överflödig choklad och lägg försiktigt cake pops på bakplåtspappret, se till att pinnen står upprätt. Strö regnbågsströssel på dem innan chokladen stelnar.

j) När de har stelnat helt och stelnat, tillsätt en liten mängd choklad till de reserverade kakorna och fäst dem vid sidan av några cake pops.

k) Servera och njut av läckerheten hos dessa förtjusande godsaker!

79. Födelsedagskaka Cake Pops

INGREDIENSER:

- 18 gräddfyllda smörgåskakor, som Oreos
- 4 uns färskost
- 1 ½ dl chokladchips
- Diverse frostings, för dekoration
- Blandat strössel, för dekoration
- Ljus, för dekoration

INSTRUKTIONER:

a) Pulsera kakorna i en matberedare tills de är grovt smulade.

b) Tillsätt färskosten och fortsätt att pulsera tills blandningen är väl blandad och det inte finns några stora bitar av kakan kvar.

c) Använd dina händer och rulla delar av kakblandningen till 1-tums bollar och platta till dem något för att skapa puckformade poppar.

d) Stick in en klubba i varje kaka och lägg dem på en bakplåtspappersklädd plåt. Frys in pops i 30 minuter.

e) Smält chokladbitarna i mikrovågsugnen med 30 sekunders intervaller, rör om mellan varje intervall.

f) Doppa kakorna i den smälta chokladen, skaka av överskottet och toppa dem sedan med strössel. Lägg tillbaka popsarna på bakplåten tills chokladen stelnat.

g) När du har stelnat, dra en glasyrkant runt kanten på varje pop. Putsa ljusen och sätt in dem i toppen av varje kaka.

h) Servera direkt eller förvara i kylen tills den ska serveras. Njut av dessa härliga godsaker på ditt firande!

80. Chocolate Chip Cookie Cake Pops

INGREDIENSER:

TILL TÅRAN:
- ½ kopp osaltat smör, mjukat
- ½ kopp socker
- ½ kopp ljust farinsocker
- 2 tsk rent vaniljextrakt
- 5 matskedar gräddfil
- 2 ägg
- 1 ⅔ kopp mjöl
- 1 ¾ tesked bakpulver
- ¼ tesked salt
- 5 matskedar mjölk
- 3 matskedar vatten
- ¾ kopp mini chokladchips

FÖR FROSTNING:
- ½ kopp osaltat smör, mjukat
- ¼ kopp ljust farinsocker
- 1 ¼ kopp strösocker
- ½ matsked mjölk
- ¼ tesked vanilj
- ⅛ tesked salt

FÖR CAKE POP MONTERING:
- 20 uns mörk choklad
- 36 godispinnar
- ¼ kopp mini chokladchips

INSTRUKTIONER:

TILL TÅRAN:

a) Värm ugnen till 350 grader Fahrenheit. Smörj en 13x9 rektangulär form med nonstick-spray och ställ åt sidan.

b) I en mixerskål, blanda ihop socker och smör med hjälp av en stavmixer med paddelfästet tills det är ljust och fluffigt, cirka 3 minuter. Tillsätt gräddfil och blanda tills det blandas. Tillsätt sedan äggen ett i taget tillsammans med vanilj och blanda tills det blandas.

c) I en separat medelstor skål, vispa ihop mjöl, bakpulver och salt. Blanda vatten och mjölk i en annan liten skål. Tillsätt hälften av de torra ingredienserna i smeten och blanda tills det blandas. Tillsätt sedan mjölkblandningen och blanda tills det blandas. Tillsätt slutligen de återstående torra ingredienserna och blanda tills det blandas.

d) Rör försiktigt ner minichokladchipsen. Överför smeten till den förberedda ugnsformen och grädda i cirka 20 minuter eller tills en tandpetare som sticks in kommer ut ren. Låt kakan svalna helt.

FÖR FROSTNING:

e) När kakan har svalnat, förbered frostingen genom att vispa ihop smör och farinsocker i en bunke med en stavmixer tills den blir krämig. Tillsätt strösocker och vispa i ytterligare 2 minuter. Tillsätt sedan mjölk, vanilj och salt och blanda tills det blandas.

FÖR CAKE POP MONTERING:

f) Smula ner den avsvalnade kakan i ugnsformen och tillsätt smulorna i den förberedda frostingen. Blanda med paddeltillbehöret tills det blandas, cirka 5-10 sekunder.

g) Klä en plåt med bakplåtspapper. Skopa ur ca 1 ½ msk av kak- och frostingblandningen, rulla till bollar och lägg på bakplåtspapper. Ställ i kylen i ca 1 timme för att stelna.

h) Smält den mörka chokladen i mikron i 30-sekundersintervaller, rör om mellan varje intervall.

i) Doppa en godispinne ca 1 tum djupt i den smälta chokladen och sätt sedan in den i en kakboll. Doppa kakbollen i den smälta chokladen, knacka bort eventuellt överskott och lägg på bakplåtspapper för att torka. Strö snabbt över minichokladchips innan chokladen stelnar.

j) Upprepa doppningsprocessen med de återstående kakbollarna, arbeta i omgångar om det behövs. Låt cake pops torka helt.

k) Förvara cake pops i en förvaringsbehållare i rumstemperatur i upp till 3 dagar. Njut av dessa härliga godsaker!

81. Lofthouse Cookie Cake Pops

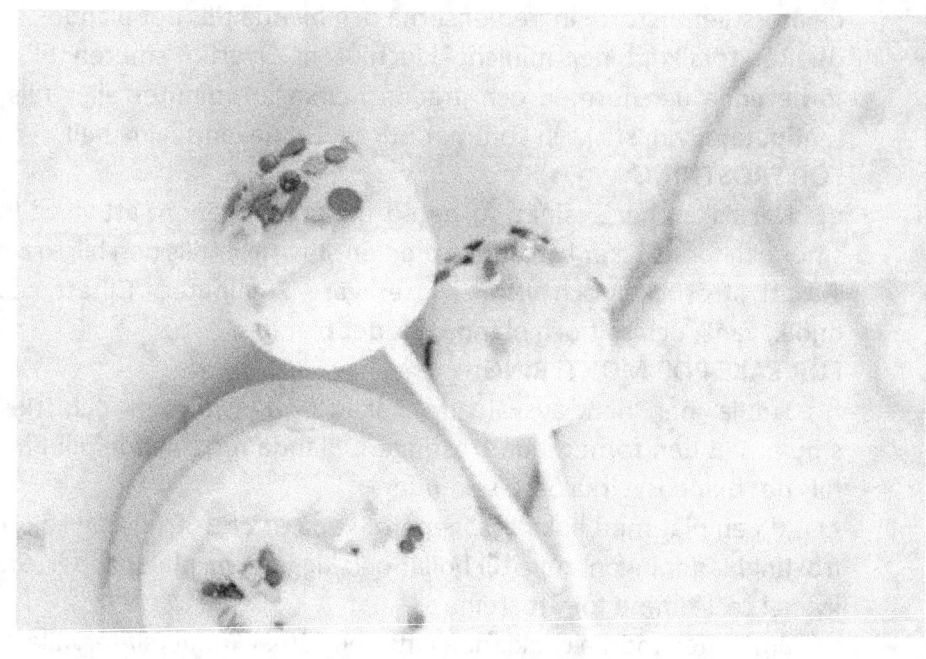

INGREDIENSER:

- 10 loftkakor
- 4 uns färskost, mjukad
- 8 uns vit choklad, hackad
- 1-2 msk kokosolja
- Strössel (valfritt)

INSTRUKTIONER:

a) Lägg Lofthouse-kakorna i en mixerskål och mixa på medelhastighet tills de är fint smulade.

b) Tillsätt den mjukgjorda färskosten till de smulade kakorna och blanda tills blandningen är slät.

c) Ös ca 1,5 msk av degen och rulla den till bollar med händerna. Lägg degbollarna på en plåt klädd med bakplåtspapper eller vaxpapper.

d) Smält den vita chokladen med hälften av kokosoljan antingen över en dubbelpanna eller i mikrovågsugnen i steg om 30 sekunder. Tillsätt mer kokosolja om chokladen är för tjock.

e) Doppa änden av en cake pop sticka i den smälta chokladen och stick in den ungefär halvvägs i varje degboll.

f) Ställ in plåten med degbollarna i kylen i 5 minuter för att stelna.

g) Doppa varje degboll i den smälta chokladen, täck den helt och toppa med strössel om så önskas.

h) Placera de belagda cake popsna på plåten eller, för bättre presentation, tryck in änden av pinnen i en bit frigolit för att stå upp.

i) Låt chokladen stelna i minst 10 minuter innan servering.

j) Njut av dessa förtjusande Lofthouse Cookie Cake Pops som en välsmakande behandling för alla tillfällen!

82. Cookie Dough Cake Pops

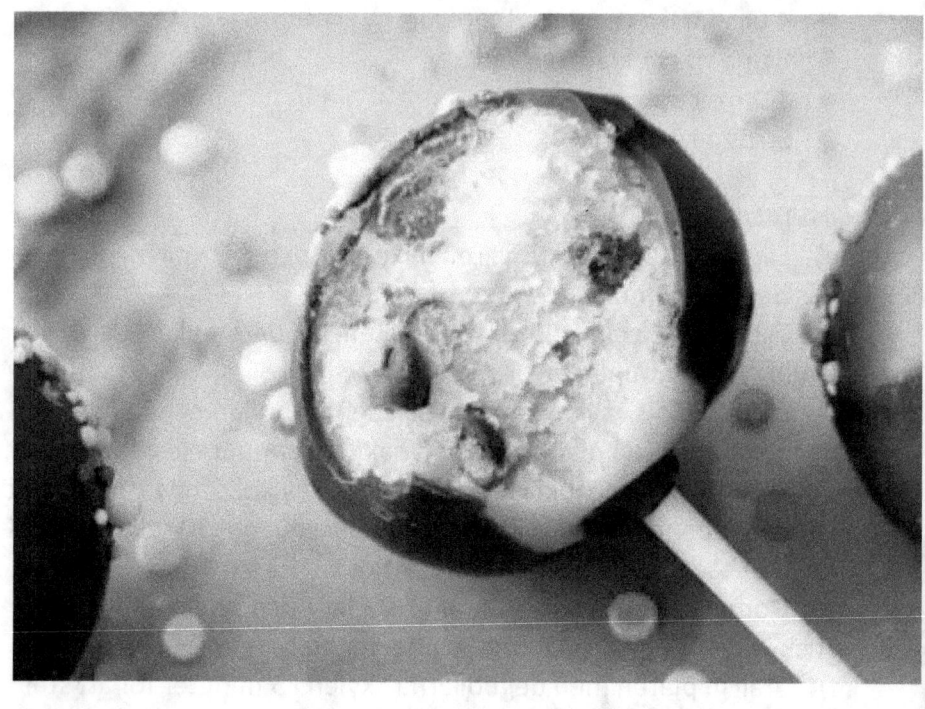

INGREDIENSER:

- 1 ¾ koppar universalmjöl
- 1 kopp osaltat smör, mjukat till rumstemperatur
- 1 ½ koppar tätt packat farinsocker
- ¼ kopp socker
- 1 tsk vaniljextrakt
- ½ tsk salt
- ½ kopp mini chokladchips
- 10 uns mörk choklad smältande rån
- Strössel (valfritt)

INSTRUKTIONER:

a) I en stor skål med en elektrisk mixer, vispa ihop det mjukade smöret och socker tills det är krämigt.
b) Tillsätt vaniljextraktet och saltet och rör om väl.
c) Tillsätt gradvis den kylda, siktade mjölblandningen under omrörning tills den är helt kombinerad.
d) Rör ner minichokladbitarna.
e) Skopa kakdegen till 1 ½ msk stora bollar och rulla mellan handflatorna tills den är slät.
f) Lägg degbollarna på ett bakpappersklädd plåt och ställ in i kylen i 20 minuter (undvik att kyla längre eftersom det kan påverka insättningen av cake pop sticks).
g) Medan degen svalnar, förbered en låda eller en bit frigolit genom att göra ett litet hål för att säkerställa att en cake pop sticka passar och får stöd.
h) När kakdegsbollarna har svalnat, förbered de smältande rånen i en liten skål enligt anvisningarna på förpackningen.
i) Doppa ena änden av cake pop-pinnen cirka ½ tum i den smälta mörka chokladen och sätt sedan försiktigt in den ungefär halvvägs i en kakdegsboll.
j) Håll i pinnen och doppa kakdegen i skålen med smält mörk choklad. Häll av överflödig choklad och tillsätt genast strössel. Lägg pinnen i din förberedda ask eller frigolit så att chokladen stelnar innan du förvarar eller serverar.
k) Njut av dessa förtjusande Cookie Dough Pops som en välsmakande behandling!

SEMESTER CAKE POPS

206

83. Alla hjärtans dag Cake Pops

INGREDIENSER:

- 1 låda röd sammet kakmix
- 1 kopp cream cheese frosting
- 12 uns rött godis smälter
- Alla hjärtans dag-tema strössel eller hjärtformade godisar till garnering

INSTRUKTIONER:

a) Förbered röd sammetstårta enligt anvisningarna på förpackningen. Låt den svalna helt.
b) Smula ner kakan i en stor skål och blanda i cream cheese frostingen tills den är väl blandad.
c) Rulla blandningen till små bollar och lägg dem på en plåt klädd med bakplåtspapper.
d) Smält de röda godismeltorna enligt anvisningarna på förpackningen.
e) Doppa spetsen på en klubba i den smälta godismeltan och sätt in den i en kakboll. Upprepa med de återstående kakbollarna.
f) Doppa varje cake pop i den smälta godissmältan, tappa bort eventuellt överskott.
g) Dekorera med alla hjärtans dag-tema strössel eller hjärtformade godis.
h) Låt cake popsna stelna på bakplåtspappret tills godisöverdraget stelnar.

84. Halloween Cake Pops

INGREDIENSER:

- 1 ask chokladkakamix
- 1 dl chokladfrosting
- 12 uns apelsingodis smälter
- Svart dekorationsglasyr
- Halloween-tema strössel eller godisögon till garnering

INSTRUKTIONER:

a) Förbered chokladkakamixen enligt anvisningarna på förpackningen. Låt den svalna helt.
b) Smula ner kakan i en stor skål och blanda i chokladfrostingen tills den är väl blandad.
c) Rulla blandningen till små bollar och lägg dem på en plåt klädd med bakplåtspapper.
d) Smält apelsingodissmältorna enligt anvisningarna på förpackningen.
e) Doppa spetsen på en klubba i den smälta godismeltan och sätt in den i en kakboll. Upprepa med de återstående kakbollarna.
f) Doppa varje cake pop i den smälta godissmältan, tappa bort eventuellt överskott.
g) Använd svart dekorationsglasyr för att rita kusliga ansikten eller monster på cake pops.
h) Dekorera med strössel eller godisögon med Halloween-tema.
i) Låt cake popsna stelna på bakplåtspappret tills godisöverdraget stelnar.

85. Påsk Cake Pops

INGREDIENSER:

- 1 låda morotskakamix
- 1 kopp cream cheese frosting
- 12 uns pastellfärgat godis smälter (som rosa, blått eller gult)
- Diverse strössel eller godisdekorationer med påsktema till garnering

INSTRUKTIONER:

a) Förbered morotskakamixen enligt anvisningarna på förpackningen. Låt den svalna helt.
b) Smula ner kakan i en stor skål och blanda i cream cheese frostingen tills den är väl blandad.
c) Rulla blandningen till små bollar och lägg dem på en plåt klädd med bakplåtspapper.
d) Smält de pastellfärgade godismeltorna enligt anvisningarna på förpackningen.
e) Doppa spetsen på en klubba i den smälta godismeltan och sätt in den i en kakboll. Upprepa med de återstående kakbollarna.
f) Doppa varje cake pop i den smälta godissmältan, tappa bort eventuellt överskott.
g) Dekorera med diverse strössel eller godisdekorationer med påsktema.
h) Låt cake popsna stelna på bakplåtspappret tills godisöverdraget stelnar.

86. Fjärde juli Cake Pops

INGREDIENSER:

- 1 låda vit kakmix
- 1 dl vaniljfrosting
- 12 uns röd, vit och blå godis smälter (eller röd, vit och blå matfärg för vit choklad)
- Patriotiska strössel eller ätbart glitter till garnering

INSTRUKTIONER:

a) Förbered den vita kakmixen enligt anvisningarna på förpackningen. Låt den svalna helt.
b) Smula ner kakan i en stor skål och blanda i vaniljfrosting tills den är väl blandad.
c) Rulla blandningen till små bollar och lägg dem på en plåt klädd med bakplåtspapper.
d) Smält den röda, vita och blå godismeltan separat enligt anvisningarna på förpackningen (eller smält vit choklad och färga den med röd och blå matfärg).
e) Doppa varje cake pop i den smälta godissmältan, en färg i taget, knacka bort eventuellt överskott.
f) Lägg tillbaka cake popsna på bakplåtspappret och dekorera med patriotiskt strössel eller ätbart glitter.
g) Låt cake popsna stelna på bakplåtspappret tills godisöverdraget stelnar.

87. Thanksgiving Cake Pops

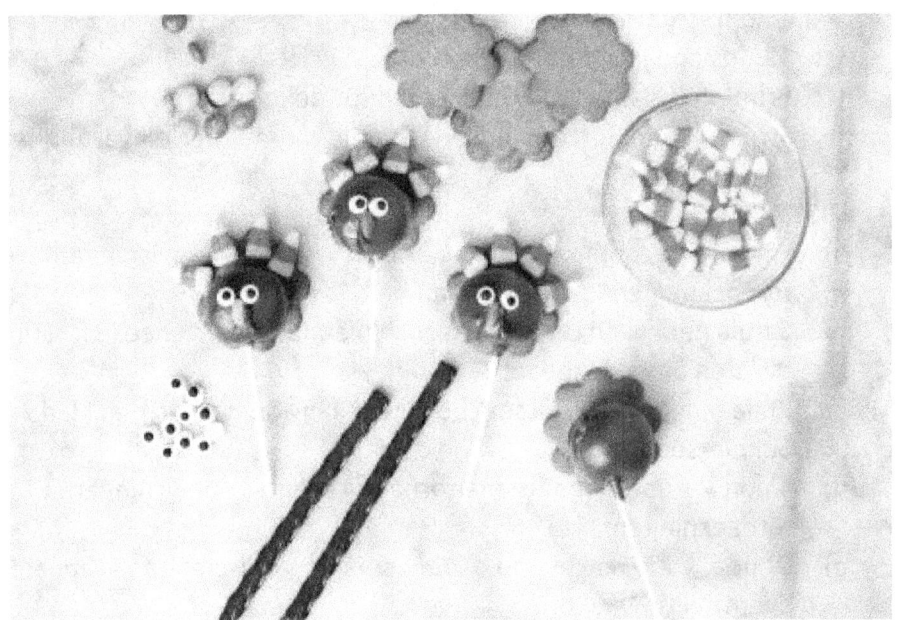

INGREDIENSER:

- 1 ask pumpa kryddkaka mix
- 1 kopp cream cheese frosting
- 12 uns apelsingodis smälter
- Brunt godis smälter eller choklad för dekoration
- Strössel med hösttema eller ätbara dekorationer till garnering

INSTRUKTIONER:

a) Förbered pumpakryddkakamixen enligt anvisningarna på förpackningen. Låt den svalna helt.
b) Smula ner kakan i en stor skål och blanda i cream cheese frostingen tills den är väl blandad.
c) Rulla blandningen till små bollar och lägg dem på en plåt klädd med bakplåtspapper.
d) Smält apelsingodissmältorna enligt anvisningarna på förpackningen.
e) Doppa varje cake pop i den smälta godissmältan, tappa bort eventuellt överskott.
f) När du har stelnat smälter du den bruna godissmältan eller chokladen och använder den för att rita på kalkonansikten eller andra mönster med Thanksgiving-tema.
g) Dekorera med höst-tema strössel eller ätbara dekorationer.
h) Låt cake popsna stelna på bakplåtspappret tills godisöverdraget stelnar.

88.St Patrick's Day Cake Pops

INGREDIENSER:
- 1 ask chokladkakamix
- 1 dl chokladfrosting
- 12 uns grönt godis smälter
- Guld ätbart damm eller guldströssel till garnering

INSTRUKTIONER:
a) Förbered chokladkakamixen enligt anvisningarna på förpackningen. Låt den svalna helt.
b) Smula ner kakan i en stor skål och blanda i chokladfrostingen tills den är väl blandad.
c) Rulla blandningen till små bollar och lägg dem på en plåt klädd med bakplåtspapper.
d) Smält de gröna godismeltorna enligt anvisningarna på förpackningen.
e) Doppa varje cake pop i den smälta godissmältan, tappa bort eventuellt överskott.
f) Strö guld ätbart damm eller guldströssel ovanpå varje cake pop för garnering.
g) Låt cake popsna stelna på bakplåtspappret tills godisöverdraget stelnar.

89. Hanukkah Cake Pops

INGREDIENSER:

- 1 låda vaniljkakemix
- 1 dl vaniljfrosting
- 12 uns blått godis smälter
- Vitt godis smälter
- Silver ätbart damm eller silverströssel till garnering

INSTRUKTIONER:

a) Förbered vaniljkakemixen enligt anvisningarna på förpackningen. Låt den svalna helt.
b) Smula ner kakan i en stor skål och blanda i vaniljfrosting tills den är väl blandad.
c) Rulla blandningen till små bollar och lägg dem på en plåt klädd med bakplåtspapper.
d) Smält de blå godismeltorna enligt anvisningarna på förpackningen.
e) Doppa varje cake pop i de smälta blå godismeltorna och ta bort eventuellt överskott.
f) När du har ställts in smälter du den vita godismältan och använder den för att rita på Davidsstjärnor eller andra dekorationer med Hanukkah-tema.
g) Strö silver ätbart damm eller silverströssel ovanpå varje cake pop för garnering.
h) Låt cake popsna stelna på bakplåtspappret tills godisöverdraget stelnar.

90.Julpop

INGREDIENSER:
FÖR DE RYSKA TE-KAKOR:
- 1 Recept Ryska tekakor, bakade och kylda helt men inte rullade i socker

FÖR GLASSEN:
- 4 koppar konditorsocker
- 1/3 kopp varm mjölk
- 3 matskedar osaltat smör, mjukat
- 1 msk ljus majssirap
- 1 tsk vaniljextrakt
- 1 tsk vegetabilisk olja
- 1/4 tsk salt
- Röd och grön matfärg
- 4 uns vit halvsöt choklad, smält (valfritt)

INSTRUKTIONER:
FÖR DE RYSKA TE-KAKOR (COOKIES):
a) Förbered en sats ryska tekakor enligt receptet du har. Grädda kakorna och låt dem svalna helt, men rulla dem inte i socker. Avsätta.
b) För glasyren:
c) I en medelstor skål, lägg konditorernas socker. Rör gradvis i den varma mjölken tills du får en slät glasyrkonsistens.
d) Tillsätt det mjukade osaltade smöret och blanda tills det är väl blandat.
e) Rör i lätt majssirap, vaniljextrakt, vegetabilisk olja och en nypa salt tills blandningen är slät.
f) Dela glasyren på mitten. Färga ena halvan med röd matfärg och den andra halvan med grön matfärg, skapa festliga julfärger.

SAMMANSTÄLLNING AV JULPOPPS:
g) Ta varje kyld rysk tekaka och doppa den helt i den färgade glasyren, en efter en. Låt överflödig glasyr droppa av och lägg de belagda kakorna på ett galler över en tidning för att torka. Detta hjälper till att fånga upp eventuella droppar och göra städningen enklare.

h) När det första lagret med glasyr är torrt, upprepa doppningsprocessen för att säkerställa ett tjockare och jämnare glasyrlager.

i) Efter att det andra lagret har torkat kan du bli kreativ genom att ringla den återstående glasyren över Pops i en attraktiv design. Alternativt kan du välja att droppa smält vit halvsöt choklad för en extra dekorativ touch.

j) Låt popsarna stelna och glasyren stelna innan du serverar eller skänker dessa härliga julgodis.

VEGGIE CAKE POPS

91. Zucchini Cake Pops

INGREDIENSER:
- 1 kopp strimlad zucchini
- 1 ask kryddkakemix
- 1 kopp cream cheese frosting
- 12 uns vit chokladgodis smälter
- Hackade valnötter till garnering

INSTRUKTIONER:
a) Värm ugnen enligt instruktionerna på kakmixboxen. Smörj och mjöla en kakform.
b) Förbered kryddkakemixen enligt anvisningarna på förpackningen och vänd sedan ner den strimlade zucchinin.
c) Häll smeten i den förberedda kakformen och grädda enligt anvisningarna på förpackningen. Låt den svalna helt.
d) Smula ner den avsvalnade kakan i en stor skål och blanda i cream cheese frostingen tills den är väl blandad.
e) Rulla blandningen till små bollar och lägg dem på en plåt klädd med bakplåtspapper.
f) Smält den vita chokladgodisen enligt anvisningarna på förpackningen.
g) Doppa spetsen på en klubba i den smälta chokladen och sätt in den i en kakboll. Upprepa med de återstående kakbollarna.
h) Doppa varje cake pop i den smälta chokladen, knacka bort eventuellt överskott.
i) Strö hackade valnötter ovanpå varje cake pop för garnering.
j) Låt cake popsna stelna på bakplåtspappret tills chokladöverdraget stelnar.

92.Rödbetor Choklad Cake Pops

INGREDIENSER:
- 1 dl riven rödbeta
- 1 ask chokladkakamix
- 1 dl chokladfrosting
- 12 uns mörk chokladgodis smälter
- Strössel eller ätbara blommor till garnering

INSTRUKTIONER:

a) Värm ugnen enligt instruktionerna på kakmixboxen. Smörj och mjöla en kakform.
b) Förbered chokladkakamixen enligt anvisningarna på förpackningen, vänd sedan ner den rivna rödbetan.
c) Häll smeten i den förberedda kakformen och grädda enligt anvisningarna på förpackningen. Låt den svalna helt.
d) Smula ner den avsvalnade kakan i en stor skål och blanda i chokladfrostingen tills den är väl blandad.
e) Rulla blandningen till små bollar och lägg dem på en plåt klädd med bakplåtspapper.
f) Smält den mörka chokladgodisen enligt anvisningarna på förpackningen.
g) Doppa spetsen på en klubba i den smälta chokladen och sätt in den i en kakboll. Upprepa med de återstående kakbollarna.
h) Doppa varje cake pop i den smälta chokladen, knacka bort eventuellt överskott.
i) Dekorera med strössel eller ätbara blommor ovanpå varje cake pop.
j) Låt cake popsna stelna på bakplåtspappret tills chokladöverdraget stelnar.

93. Sweet Potato Spice Cake Pops

INGREDIENSER:

- 1 dl mosad sötpotatis
- 1 ask kryddkakemix
- 1 kopp cream cheese frosting
- 12 uns apelsingodis smälter
- Krossade grahams kex till garnering

INSTRUKTIONER:

a) Värm ugnen enligt instruktionerna på kakmixboxen. Smörj och mjöla en kakform.
b) Förbered kryddkakeblandningen enligt anvisningarna på förpackningen och vänd sedan ner den pressade sötpotatis.
c) Häll smeten i den förberedda kakformen och grädda enligt anvisningarna på förpackningen. Låt den svalna helt.
d) Smula ner den avsvalnade kakan i en stor skål och blanda i cream cheese frostingen tills den är väl blandad.
e) Rulla blandningen till små bollar och lägg dem på en plåt klädd med bakplåtspapper.
f) Smält apelsingodissmältorna enligt anvisningarna på förpackningen.
g) Doppa spetsen på en klubba i den smälta godismeltan och sätt in den i en kakboll. Upprepa med de återstående kakbollarna.
h) Doppa varje cake pop i den smälta godissmältan, tappa bort eventuellt överskott.
i) Strö krossade grahams kex ovanpå varje cake pop för garnering.
j) Låt cake popsna stelna på bakplåtspappret tills godisöverdraget stelnar.

94. Pumpa Spice Cake Pops

INGREDIENSER:
- 1 kopp konserverad pumpapuré
- 1 ask pumpa kryddkaka mix
- 1 kopp cream cheese frosting
- 12 uns apelsingodis smälter
- Pumpaformade strössel eller ätbara dekorationer till garnering

INSTRUKTIONER:

a) Värm ugnen enligt instruktionerna på kakmixboxen. Smörj och mjöla en kakform.

b) Förbered pumpakryddkakamixen enligt anvisningarna på förpackningen och vänd sedan ner den konserverade pumpapurén.

c) Häll smeten i den förberedda kakformen och grädda enligt anvisningarna på förpackningen. Låt den svalna helt.

d) Smula ner den avsvalnade kakan i en stor skål och blanda i cream cheese frostingen tills den är väl blandad.

e) Rulla blandningen till små bollar och lägg dem på en plåt klädd med bakplåtspapper.

f) Smält apelsingodissmältorna enligt anvisningarna på förpackningen.

g) Doppa spetsen på en klubba i den smälta godismeltan och sätt in den i en kakboll. Upprepa med de återstående kakbollarna.

h) Doppa varje cake pop i den smälta godissmältan, tappa bort eventuellt överskott.

i) Dekorera med pumpaformade strössel eller ätbara dekorationer ovanpå varje cake pop.

j) Låt cake popsna stelna på bakplåtspappret tills godisöverdraget stelnar.

95. Ube Cake Pops

INGREDIENSER:

- 1 kopp riven kokt lila yam (ube)
- 1 låda vaniljkakemix
- 1 kopp cream cheese frosting
- 12 uns lila godis smälter
- Ube-smaksatt godis eller strössel till garnering

INSTRUKTIONER:

a) Värm ugnen enligt instruktionerna på kakmixboxen. Smörj och mjöla en kakform.
b) Förbered vaniljkakeblandningen enligt anvisningarna på förpackningen, vänd sedan ner den rivna kokta lila jammen.
c) Häll smeten i den förberedda kakformen och grädda enligt anvisningarna på förpackningen. Låt den svalna helt.
d) Smula ner den avsvalnade kakan i en stor skål och blanda i cream cheese frostingen tills den är väl blandad.
e) Rulla blandningen till små bollar och lägg dem på en plåt klädd med bakplåtspapper.
f) Smält de lila godismeltorna enligt anvisningarna på förpackningen.
g) Doppa spetsen på en klubba i den smälta godismeltan och sätt in den i en kakboll. Upprepa med de återstående kakbollarna.
h) Doppa varje cake pop i den smälta godissmältan, tappa bort eventuellt överskott.
i) Dekorera med godis med ubesmak eller strössel ovanpå varje cake pop.
j) Låt cake popsna stelna på bakplåtspappret tills godisöverdraget stelnar.

96.Morotskaka Pops

INGREDIENSER:
- 3 koppar Morotskaka-rester
- 4 matskedar Flytande Cheesecake
- ½ portion Milk Crumb, finmalen i en matberedare
- 3 uns vit choklad, smält

INSTRUKTIONER:
a) Kombinera morotskakans rester och 25 g (2 matskedar) flytande cheesecake i skålen på en stavmixer utrustad med paddeltillbehöret och paddla tills det är tillräckligt fuktigt för att knådas till en boll. Om den inte är tillräckligt fuktig för att göra det, tillsätt upp till 25 g (2 matskedar) mer flytande cheesecake och knåda in den.
b) Använd en soppsked och portionera ut 12 jämna bollar, var och en hälften så stor som en pingisboll. Rulla var och en mellan handflatorna för att forma och släta ut den till en rund sfär.
c) Lägg mjölksmulorna i en medelstor skål. Med latexhandskar på, lägg 2 matskedar av den vita chokladen i handflatan och rulla varje boll mellan handflatorna, täck den med ett tunt lager smält choklad; tillsätt mer choklad efter behov.
d) Lägg 3 eller 4 chokladtäckta bollar åt gången i skålen med mjölksmulor. Kasta omedelbart dem med smulorna för att täcka, innan chokladskalet stelnar och inte längre fungerar som ett lim (om detta händer, täck bara bollen i ytterligare ett tunt lager smält choklad).
e) Kyl i minst 5 minuter för att stelna chokladskalen helt innan du äter eller förvarar dem. I en lufttät behållare håller Pops upp till 1 vecka i kylen.

NÖTTER OCH FRÖKAKER

97. Almond Joy Cake Pops

INGREDIENSER:
- 1 ask chokladkakamix
- 1 dl chokladfrosting
- 1/2 dl riven kokos
- 1/2 kopp hackad mandel
- 12 uns mjölkchoklad godis smälter
- Hela mandlar till garnering

INSTRUKTIONER:
a) Förbered chokladkakamixen enligt anvisningarna på förpackningen. Låt den svalna helt.
b) Smula ner kakan i en stor skål och blanda i chokladfrosting, riven kokos och hackad mandel tills den är väl blandad.
c) Rulla blandningen till små bollar och lägg dem på en plåt klädd med bakplåtspapper.
d) Smält mjölkchokladgodisen enligt anvisningarna på förpackningen.
e) Doppa spetsen på en klubba i den smälta chokladen och sätt in den i en kakboll. Upprepa med de återstående kakbollarna.
f) Doppa varje cake pop i den smälta chokladen, knacka bort eventuellt överskott.
g) Tryck ut en hel mandel ovanpå varje cake pop för garnering.
h) Låt cake popsna stelna på bakplåtspappret tills chokladöverdraget stelnar.

98.Solrosfrö smör Cake Pops

INGREDIENSER:
- 1 låda vaniljkakemix
- 1 kopp solrosfrösmör
- 12 uns vit chokladgodis smälter
- Solrosfrön och strössel till garnering

INSTRUKTIONER:
a) Förbered vaniljkakemixen enligt anvisningarna på förpackningen. Låt den svalna helt.
b) Smula ner kakan i en stor skål och blanda i solrosfrösmöret tills det är väl blandat.
c) Rulla blandningen till små bollar och lägg dem på en plåt klädd med bakplåtspapper.
d) Smält den vita chokladgodisen enligt anvisningarna på förpackningen.
e) Doppa spetsen på en klubba i den smälta chokladen och sätt in den i en kakboll. Upprepa med de återstående kakbollarna.
f) Doppa varje cake pop i den smälta chokladen, knacka bort eventuellt överskott.
g) Pressa solrosfrön på toppen av varje cake pop för garnering.
h) Låt cake popsna stelna på bakplåtspappret tills chokladöverdraget stelnar.

99.Pistage Cake Pops

INGREDIENSER:
- 1 låda vit kakmix
- 1 dl pistagepasta eller malda pistagenötter
- 1 dl vaniljfrosting
- 12 uns grönt godis smälter
- Krossade pistagenötter till garnering

INSTRUKTIONER:
a) Förbered den vita kakmixen enligt anvisningarna på förpackningen. Låt den svalna helt.
b) Smula ner kakan i en stor skål och blanda i pistagenötter eller malda pistagenötter och vaniljfrosting tills det är väl blandat.
c) Rulla blandningen till små bollar och lägg dem på en plåt klädd med bakplåtspapper.
d) Smält de gröna godismeltorna enligt anvisningarna på förpackningen.
e) Doppa spetsen på en klubba i den smälta godismeltan och sätt in den i en kakboll. Upprepa med de återstående kakbollarna.
f) Doppa varje cake pop i den smälta godissmältan, tappa bort eventuellt överskott.
g) Strö krossade pistagenötter ovanpå varje cake pop för garnering.
h) Låt cake popsna stelna på bakplåtspappret tills godisöverdraget stelnar.

100.Citronvallmofrön Cake Pops

INGREDIENSER:
- 2 dl citronvallmofrönkaka (från en bakad citronvallmofrökaka)
- 1/2 kopp citronfrosting
- 1 kopp vita chokladchips
- 1 matsked vegetabilisk olja
- Citronskal (för garnering)

INSTRUKTIONER:
a) Blanda smulor av citronvallmofrön och citronfrosting i en skål tills det är väl blandat.
b) Forma blandningen till små bollar och lägg dem på en bakplåtspappersklädd plåt.
c) Frys in bollarna i ca 30 minuter.
d) Smält vita chokladchips med vegetabilisk olja i en mikrovågsugn eller med en dubbelkokare.
e) Doppa varje fryst citronvallmofrökaka i den smälta vita chokladen, täck jämnt.
f) Garnera toppen av varje belagd boll med citronskal.
g) Lägg tillbaka de belagda bollarna på bakplåten och ställ i kylen tills chokladen stelnat.

SLUTSATS

När vi kommer till slutet av vår resa genom "KONSTEN ATT TAKA POPPS", gör vi det med en känsla av prestation och tillfredsställelse. Genom 100 oemotståndliga recept och otaliga timmar i köket har vi utforskat de oändliga möjligheterna med cake pops och finslipat våra färdigheter som bagare och dekoratörer.

Men utöver de läckra godsakerna och de vackra skapelserna är det som verkligen gör konsten att cake pops speciell glädjen den ger andra. Oavsett om vi överraskar en älskad med en hemlagad godbit eller glädjer gäster på en fest med våra kulinariska skapelser, har cake pops ett sätt att sprida glädje och föra människor samman.

När vi tar farväl av denna kokbok, låt oss föra vidare lärdomarna och de minnen som skapats. Låt oss fortsätta att experimentera, förnya och skapa med passion och entusiasm. Och framför allt, låt oss aldrig glömma den enkla glädjen att dela vår kärlek till att baka – och cake pops! – med dem runt omkring oss.

Tack för att du följde med oss på detta ljuva äventyr. Må dina cake pops alltid vara läckra, dina dekorationer alltid vara vackra och ditt kök alltid vara fyllt av skratt och kärlek. Glad bakning!

www.ingramcontent.com/pod-product-compliance
Lightning Source LLC
Chambersburg PA
CBHW070657120526
44590CB00013BA/1002